Q&A と 事例
物損交通事故 解決の実務

編著　志賀　晃（弁護士）
　　　稲村　晃伸（弁護士）

新日本法規

は　し　が　き

　本書は、新たに交通事故損害賠償事件に取り組もうとしている弁護士・認定司法書士のほか、損害保険会社のサービスセンターや保険代理店、損害調査会社、修理工場等において交通事故損害賠償事件の対応に当たる方々に向けて、交通事故により生じる損害のうち、物的損害について、特に当事者サイドの立場から分かりやすく解説することを目指したものです。

　従来、物損事故については、損害額が比較的低額なものが多く、そのため、被害者は、弁護士等への委任により獲得しうる賠償額と弁護士等へ支払う報酬額との兼ね合いから、弁護士等への委任を断念するといったことが多くありました。

　しかし、いわゆる弁護士費用特約の普及により、弁護士等への報酬を保険金により賄うことが可能となる案件が多くなったことから、物損事故についても被害者による弁護士等への委任が増えています。この弁護士等への委任の増加に伴い、委任を受けた弁護士が裁判所、特に簡易裁判所において物損事故の損害賠償請求訴訟を提起するケースも大幅に増加し、司法研修所編『簡易裁判所における交通損害賠償訴訟事件の審理・判決に関する研究』（法曹会、2016）によると、平成27年の新受件数は平成17年の新受件数の約4倍にものぼるとのことです。

　このような状況下において、裁判所サイドでは、上記『簡易裁判所における交通損害賠償訴訟事件の審理・判決に関する研究』の公刊等により、簡易裁判所における物損事故訴訟解決機能の強化を図っています。

　ただ、物損事故訴訟の適切な解決を実現するためには、裁判所のみの努力では十分ではなく、弁護士・認定司法書士といった専門家代理

人もまた、物的損害及びその処理についての十分な知識の習得等が求められることになります。

　また、このような物的損害等についての知識は、損害保険会社のサービスセンターにおける示談代行権限に基づく交渉や、保険代理店におけるその顧客からの質問対応、いわゆるアジャスターと修理工場担当者との修理費協定に向けた協議の際にも必要となるものでしょう。そのため、本書は、弁護士・認定司法書士に限らず、広く物損事故に関する紛争の解決に当たる方々一般にとって、参考になるものではないかと考えています。

　最後に著者一同を代表して、本書の刊行に多大なご尽力をいただいた加賀山量氏をはじめとする新日本法規出版株式会社の方々に改めて御礼申し上げます。

　平成31年4月

弁護士　志賀　晃

編集者・執筆者一覧

《**編集者**》（肩書は執筆時点）

志賀　晃　　（弁護士／志賀総合法律事務所）

日本弁護士連合会・民事司法改革総合推進本部幹事（損害賠償制度検討部会所属）

東京弁護士会・民事司法改革実現本部幹事（損害賠償増額検討部会所属）

東京弁護士会・不法行為法研究部部員

公益財団法人日弁連交通事故相談センター東京支部・東京都26市役所交通事故相談担当

稲村　晃伸（弁護士／北多摩いちょう法律事務所）

東京弁護士会・法制委員会委員

東京弁護士会・不法行為法研究部部員

公益財団法人日弁連交通事故相談センター東京支部・算定基準部会委員（平成24年度〜平成29年度）（『赤い本』平成29年度物損担当）

公益財団法人日弁連交通事故相談センター東京支部・東京都26市役所交通事故相談担当

学習院大学法務研究科教授（実務家教員）

《執筆者》（五十音順）

稲村　晃伸（弁護士／北多摩いちょう法律事務所）

今西　順一（弁護士／リーガルキュレート総合法律事務所）

志賀　晃（弁護士／志賀総合法律事務所）

杉村　亜紀子（弁護士／リソナンティア法律事務所）

長谷川　伸城（弁護士／新麴町法律事務所）

略　語　表

＜法令等の表記＞

①　根拠となる法令の略記例及び略語は次のとおりです（〔　〕は本文中の略語を示します。）。

　　自動車損害賠償保障法第6条第2項第1号＝自賠6②一

自賠	自動車損害賠償保障法
裁	裁判所法
司書	司法書士法
〔失火責任法〕	失火ノ責任ニ関スル法律
道路	道路法
民	民法
改正民〔改正民法〕	民法の一部を改正する法律（平成29年法律44号）
改正前民〔改正前民法〕	民法の一部を改正する法律（平成29年法律44号）による改正前の民法
新民〔新民法〕	民法の一部を改正する法律（平成29年法律44号）による改正後の民法
民訴	民事訴訟法
民訴規	民事訴訟規則
民調	民事調停法

②　本書に頻出する用語の略語は次のとおりです。

自賠責保険	自動車損害賠償責任保険（共済）

＜判例等の表記＞

　根拠となる判例の略記例及び判例出典・雑誌の略称は次のとおりです。

　東京高等裁判所平成28年11月10日判決、自保ジャーナル1989号184頁
　＝東京高判平28・11・10自保1989・184

判時　　判例時報
判タ　　判例タイムズ
別冊判タ　別冊判例タイムズ
交民　　交通事故民事裁判例集
民集　　最高裁判所民事判例集
自保　　自保ジャーナル
　　　　〔旧・自動車保険ジャーナル〕

＜参考文献の表記＞

　参考文献の略称は次のとおりです。

赤い本　　公益財団法人日弁連交通事故相談センター東京支部編『民事交
　　　　　通事故訴訟・損害賠償額算定基準』（公益財団法人日弁連交通事
　　　　　故相談センター東京支部）
青本　　　公益財団法人日弁連交通事故相談センター研究研修委員会編
　　　　　『交通事故損害額算定基準』（公益財団法人日弁連交通事故相談
　　　　　センター）

目　次

Q & A編

第1章　総　論

ページ

Q1　人身損害と物的損害の区別とその意義……………………………3

コラム　物的損害を扱った『赤い本』講演録……………………………7

Q2　物損事故と債権法改正（総論）………………………………………9

Q3　物損事故と債権法改正（消滅時効（長期権利消滅期間
　　の性質））……………………………………………………………11

コラム　不真正連帯債務者間の求償権の消滅時効期間と債権
　　　　法改正……………………………………………………………14

Q4　物損事故と債権法改正（消滅時効（障害事由））……………16

Q5　物損事故と債権法改正（相殺禁止）……………………………19

コラム　交叉的不法行為と相殺禁止……………………………………23

第2章　民事紛争処理上の注意点・留意点

Q6　初回相談時の留意点………………………………………………24

Q7　物損事故の解決手段………………………………………………27

コラム　民事調停制度の特徴と注意点………………………………33

Q8　物損被害者が提訴時に提出することが望ましい証拠書
　　類………………………………………………………………………37

Q9　物的損害の賠償を請求する際の立証資料……………………40

Q10　簡易裁判所の通常民事訴訟手続を利用する際の留意点………43

2 目　次

コラム	少額訴訟制度 …………………………………………………… 47
コラム	簡裁交通事故訴訟と司法委員 ………………………………… 48
コラム	録音テープ等の反訳 …………………………………………… 49
コラム	訴状作成時の注意点 …………………………………………… 51
Q11	訴訟上の和解時の注意点 ……………………………………… 54

第3章　各　論

第1　修理費等

Q12　修理費賠償請求（一般論）………………………………… 58

Q13　全塗装費用請求の可否 ……………………………………… 61

Q14　改造車が損傷した場合の修理費・車両価格算定 ………… 64

コラム　色むらの立証 ……………………………………………… 67

第2　経済的全損等

Q15　全損と分損 …………………………………………………… 69

Q16　経済的全損 …………………………………………………… 72

コラム　減価償却改正とその後の裁判例 ………………………… 75

Q17　買替差額 ……………………………………………………… 77

コラム　買替えをすることが社会通念上相当と認められると
　　　　き ………………………………………………………… 80

Q18　買替諸費用 …………………………………………………… 82

第3　評価損

Q19　評価損 ………………………………………………………… 89

コラム　事故減価額証明書に対する評価 ………………………… 92

第4　代車料

Q20　代車料の要件……………………………………………… 94

Q21　代車料の金額等…………………………………………… 96

第5　休車損

Q22　休車損の要件……………………………………………… 100

Q23　「遊休車が存在しないこと」の要否等……………………… 102

Q24　営業収入減少の要否等…………………………………… 105

Q25　休車損の算定方法………………………………………… 107

コラム　休車損の認定資料……………………………………… 110

第6　雑費・車両付属品・積荷損害

Q26　雑　費……………………………………………………… 112

Q27　車両付属品………………………………………………… 114

Q28　積荷損害…………………………………………………… 118

第7　所有権留保車両

Q29　所有権留保車両と修理費賠償請求……………………… 120

Q30　所有権留保車両と買替差額賠償請求…………………… 123

Q31　所有権留保車両と評価損賠償請求……………………… 126

第8　リース車両

Q32　リース車両とリース契約の種類、修理費賠償請求………… 129

Q33　リース車両と買替差額賠償請求………………………… 133

Q34　リース車両と評価損賠償請求…………………………… 135

第9 建物損壊・ペット損害等

Q 35 物損事故と慰謝料 ……………………………………………… 137

Q 36 建物損壊と修理費 ……………………………………………… 140

Q 37 建物損壊と営業損害等 ………………………………………… 142

Q 38 ペット損害 ……………………………………………………… 146

Q 39 道路損傷と原因者負担金制度 ………………………………… 149

コラム 原因者負担金制度と不可抗力 ……………………………… 154

第10 自動車保険

Q 40 物損事故と自動車保険 ………………………………………… 156

コラム 示談代行制度 ………………………………………………… 160

コラム 弁護士費用特約 ……………………………………………… 162

事 例 編

第1 修理費

〔事例1〕 所有権留保車両の使用者による修理費請求が認められた事例（東京地判平26・11・25交民47・6・1423）……… 169

〔事例2〕 キャンディ・フレーク塗装が施されていた車両について、車両の塗色、塗装後の見え方を踏まえて全塗装までは不要とされた事例（東京高判平26・1・29自保1913・148）……………………………………… 173

第2　経済的全損等

〔事例3〕　経済的全損の証明責任は加害者にあるものとされた事例（東京地判平28・6・17交民49・3・750）………… 179

〔事例4〕　中古車業者への照会結果、中古車販売情報サイトの販売情報を基に車両時価額が認定された事例（旭川地判平27・9・29判時2295・111）…………… 184

〔事例5〕　架装した特殊な車両（霊柩車）の時価の算定方法について、ベース車の減価率を踏まえて取得価格を減価する方法が用いられた事例（名古屋地判平28・2・17交民49・1・204）…………… 188

〔事例6〕　検査登録手続代行費用・車庫証明手続代行費用について賠償の対象とされた事例（東京地判平28・2・5交民49・1・120）…………… 193

〔事例7〕　事故車両についての残存車検期間相当分の車検整備費用請求が認められた事例（さいたま地判平28・7・7交民49・4・840）…………… 198

第3　評価損

〔事例8〕　評価損の判断において日本自動車査定協会の査定資料が採用されなかった事例（東京地判平25・8・6（平25（レ）348））………………… 202

〔事例9〕　所有権留保車両の使用者による評価損賠償請求が認められなかった事例（名古屋地判平27・12・25交民48・6・1586）………………… 206

第4　代車料

〔事例10〕　代車料日額の算定に当たり被害車両の初度登録時からの経過期間が考慮された事例（名古屋地判平27・5・18自保1955・64）………………… 209

〔事例11〕 社会通念上、代車料が修理代金を上回るような状態にならないように修理に着手すべきであるとして、賠償の対象となる代車使用期間が限定された事例（千葉地判平22・11・22自保1846・47）……………214

第5　休車損

〔事例12〕 遊休車の存在により休車損が認められなかった事例（名古屋地判平28・2・17交民49・1・204）……………217

〔事例13〕 減益なしでも休車損が認められた事例（名古屋地判平24・6・20自保1880・156）………………………221

〔事例14〕 休車期間の認定に当たり加害者が支払対応しなかったことが考慮されなかった事例（東京地判平27・12・24交民48・6・1571）………………………225

第6　積荷損害等

〔事例15〕 積荷検査費用が積荷価格を超える場合に積荷価格の損害の発生が認められた事例（名古屋地判平29・9・8交民50・5・1148）………………………229

〔事例16〕 被害車両に搭載されていたＯＡ機器の毀損により生じたデータ変換費用等の賠償が認められた事例（大阪地判平19・3・27交民40・2・417）………………233

第7　建物損壊

〔事例17〕 建物修理費用について、実際に行われた修理工事費用等が、事故と相当因果関係のある修理費用等の認定に当たって参考になるものとされた事例（大阪地判平22・7・21交民43・4・899）………………237

〔事例18〕 タンクローリー車の爆発により飲食店が全壊したという事案において、200万円の慰謝料が認容された事例（東京地判平15・7・1判タ1157・195）…………242

第8 ペット損害

〔事例19〕 盲導犬死亡事故について、その客観的価値が算定
された事例（名古屋地判平22・3・5判時2079・83）……… 246

〔事例20〕 ペットの治療費等の賠償額は時価相当額に限られ
ないとされた事例（名古屋高判平20・9・30交民41・
5・1186）…………………………………………………… 250

〔事例21〕 ペットが重い傷害を負った場合にも慰謝料を請求
する余地があるとされた事例（大阪地判平27・8・
25交民48・4・990）……………………………………… 255

索　引

○事項索引……………………………………………………… 261
○判例年次索引………………………………………………… 270

2

第1章 総　論

Q1　人身損害と物的損害の区別とその意義

交通事故事案において、人身損害と物的損害を区別することに何か実益はありますか。

人身損害と物的損害は、運行供用者責任の適用の有無という点で異なり、また、同一の交通事故であっても短期消滅時効の起算点が異なる場合があります。

解　説

1　交通事故により生じる損害

　一般に、交通事故により生じる損害については人身損害、物的損害（物件損害、物損）に区分することができます。

　人身損害とは、生命又は身体の侵害に係る損害を意味します。具体的には、治療関係費、休業損害、逸失利益、入通院慰謝料、死亡慰謝料、後遺障害慰謝料等があります。

　これに対し、物的損害とは、財産権の侵害に係る損害を意味します。自動車が損傷した場合に生じ得る物的損害の代表的なものとしては、下記のようなものがあります。

　(1)　車両損傷そのものに関するもの
　　①　修理費
　　②　買替差額

③　買替諸費用

④　諸雑費

⑤　評価損

(2)　損傷により車両が使用不能になったことにより生じるもの

①　休車損

②　代車料・備車料

2　人身損害と物的損害の区別の意義

(1)　区別の意義

実務上、人身損害と物的損害の区別が大きな意味を持つのは、①運行供用者責任規定（自賠3）の適用の有無、②短期消滅時効（改正前民724前段）の起算点です。

(2)　運行供用者責任規定の適用の有無

自動車損害賠償保障法3条本文の「他人の生命又は身体を害したとき」との文言から、運行供用者責任規定は人身事故のみに適用され、物損事故には適用されないものとされています。

ただし、物であっても、身体に密着し、かつ、身体の一部の機能を代行するもの（義眼、義歯等）については、運行供用者責任の対象として扱われています。

(3)　短期消滅時効の起算点

改正前民法724条前段は、不法行為に基づく損害賠償請求権の短期消滅時効の起算点を「被害者又はその法定代理人が損害及び加害者を知った時」としています。

人身損害の賠償請求権については、被害者が死亡した事案では「損害（中略）を知った時」は基本的に死亡時点とされています。また、傷害事案については、下級審の裁判例では、被害者の負傷が治癒した

場合には治療終了時点が、被害者に後遺障害が残存した場合には症状固定時と判断されることが多く見受けられます。

これに対し、物的損害の賠償請求権については、通常、事故発生時が「損害（中略）を知った時」となります。

また、そもそも人身損害の賠償請求権と物的損害の賠償請求権は、請求権（訴訟物）としては別個のものであると解されています。

その結果、人身損害と物的損害が同一の交通事故により生じた場合であっても、物的損害の賠償請求権と人身損害の賠償請求権の起算点は異なるものと裁判所に判断される可能性があります。

特に、被害者が長期間治療を受けたにもかかわらず後遺障害が残存したような場合については、物的損害について時効中断措置を執っておかなければ、症状固定時から3年を経過していない時点であっても物的損害の賠償請求権について既に消滅時効が完成しているといった事態も生じるおそれがあります。

なお、余談になりますが、上記のとおり人身損害の賠償請求権と物的損害の賠償請求権が別個のものとして扱われていることからは、人身損害と物的損害が同じ交通事故により生じている場合には、時効中断事由としての「承認」についても、その「承認」の対象が人身損害賠償債務なのか物的損害賠償債務なのかといった点についても注意した方が無難でしょう。

（4）　その他（損益相殺的調整）

同一事故で人身損害と物的損害が発生し、被害者が人身損害について自賠責保険金を受領していた場合、この自賠責保険金は人身損害を填補するものであって物的損害を填補するものではないことから、自賠責保険金と物的損害との間で損益相殺的調整を行うことはできないものとされています（森冨義明＝村主隆行編『裁判実務シリーズ9　交通関係

訴訟の実務』428頁（商事法務、2016））。

(5)　人身損害・物的損害の区分と債権法改正

平成29年5月26日に「民法の一部を改正する法律」が成立しました（Q2参照）。

この改正により、不法行為に基づく損害賠償請求権を受働債権とする相殺のうち、物的損害賠償請求権を受働債権とする相殺は原則として許容されることになりました（新民509）。これに対し、人身損害賠償請求権を受働債権とする相殺は、従前と同様に禁止されています。

また、上記改正により、人身損害賠償請求権の短期消滅時効期間は5年間に延長されました（新民724の2）が、物的損害賠償請求権の短期消滅時効期間は従前と同様に3年間とされています。

| コラム | 物的損害を扱った『赤い本』講演録 |

　周知のとおり、例年、公益財団法人日弁連交通事故相談センター東京支部の主催の「交通事故に関する講演会」が開催され、そこで東京地裁交通部（民事第27部）所属裁判官が講演を行っています。

　そして、その講演の内容は、その翌年に発行される『赤い本』に掲載されています。

　平成元年以降に刊行された『赤い本』に掲載された裁判官講演録（又は、裁判官を囲む座談会）のうち、物損事故に関連するものは、以下のとおりです。

・1989年版　岡本岳「物損の再調達費用、物損の慰謝料について」
・1989年版　竹野下喜彦「買替諸費用について」
・1993年（平成5年）版　江原健志「市場価格のなくなった中古車の損害評価について」
・1995年（平成7年）版　松井千鶴子「物損－休車損の問題」
・1998年（平成10年）版　中村心「評価損が認められる場合とその算定方法」
・1999年（平成11年）版　村山浩昭「保険料差額は賠償請求できるか」
・2000年（平成12年）版　山崎秀尚「リース・割賦販売と損害の範囲」
・2001年（平成13年）版　村山浩昭「異時衝突事故により修理代の合計額が車両価格を超えた場合の損害額」
・2002年（平成14年）版　影浦直人「評価損をめぐる問題点」
・2003年（平成15年）版　来司直美「代車使用の認められる相当期間」

・2004年（平成16年）版　森剛「休車損害の要件及び算定方法」
・2005年（平成17年）版下巻　蛭川明彦「改造車における修理費用及び車両価格の算定」
・2006年（平成18年）版下巻　小林邦夫「代車の必要性」
・2008年（平成20年）版下巻　浅岡千香子「物損に関連する慰謝料」
・2015年（平成27年）版下巻　俣木泰治「オープン・エンド方式のオペレーティング・リース契約を中途解約した場合、ユーザーが負担する中途解約違約金について」
・2017年（平成29年）版下巻　川原田貴弘「物損（所有者でない者からの損害賠償請求）について」
・2019年（平成31年）版下巻　石井義規「全損事故における損害概念及び賠償者代位との関係」

　この裁判官講演録の他に、2017年（平成29年）版下巻には、株式会社自研センターの役員・従業員による「自動車の構造と修理技法」という講演が掲載されています。

Q2 物損事故と債権法改正（総論）

先日、約120年ぶりに民法の債権法を中心に改正が行われましたが、物損事故との関係では今回の改正はどのような影響があるのでしょうか。

今回の改正は、契約法に関するものが多いですが、①時効障害事由の整理、②協議による時効の完成猶予制度の新設（新民151）、③不法行為に基づく損害賠償請求権を受働債権とする相殺禁止の範囲の限定（新民509）、④不法行為に基づく損害賠償請求権の長期権利消滅期間の消滅時効期間化（新民724二）は、物損事故の処理にも影響を与えるものと考えられます。

解　説

1　債権法改正と物損事故処理に与える影響

平成29年5月26日、民法の債権関係に関する規定を約120年ぶりに抜本改正する、「民法の一部を改正する法律」（平成29年法律第44号）が成立しました。

今回の改正事項のうち、物損事故の処理に影響を与えるものとしては、①時効障害事由の整理、②協議による時効の完成猶予制度の新設（新民151）、③不法行為に基づく損害賠償請求権を受働債権とする相殺禁止の範囲の限定（新民509）、④不法行為に基づく損害賠償請求権の長期権利消滅期間の消滅時効期間化（新民724二）があります。

なお、法定利率（新民404）、中間利息控除（新民417の2）に関する改正

については、人身事故における死亡逸失利益や後遺障害逸失利益の算定に与える影響は大きいものと予想されますが、物損事故の処理に与える影響はほとんどないものと考えられます。

2　改正民法の施行日

改正民法は令和2年（2020年）4月1日に施行されます。

Q3 物損事故と債権法改正（消滅時効（長期権利消滅期間の性質））

改正民法において、新民法724条2号は不法行為による損害賠償請求権の長期権利消滅期間を消滅時効期間に改めたと聞きました。このような消滅時効期間化に関して注意すべきことはありますか。

改正民法では、不法行為による損害賠償債務の長期権利消滅期間（新民724二）の性質についても消滅時効とされました。

その結果、長期権利消滅期間についても、短期権利消滅期間と同様に、期間経過による損害賠償債務消滅の効果が生じるためには時効援用が必要となり、また、完成猶予・更新により時効の完成が妨げられることになりました。

解　説

1　長期権利消滅期間の消滅時効期間化

新民法724条2号は、不法行為による損害賠償請求権が不法行為の時から20年間行使されなかったときには、この請求権は「時効によって消滅する」ものとしています。

改正前民法下では、不法行為による損害賠償請求権の長期権利消滅期間（改正前民724条後段）の性質を消滅時効期間と解するか、それとも除斥期間と解するかという点について争いがあり、判例はこれを除斥

期間であるとしていました（最判平元・12・21民集43・12・2209）。

　これに対し、新民法724条は、その柱書において「時効によって消滅する」との文言を用いることにより、短期権利消滅期間のみならず、長期権利消滅期間の性質も消滅時効期間であることを明確にしました。

　このように長期権利消滅期間が消滅時効期間とされたことにより、加害者等がこの期間の経過による損害賠償債務の消滅を主張する場合にも、消滅時効の援用が必要になることになります。その結果、加害者等による消滅時効の援用が社会正義に反するような場合には、その援用行為が信義則違反、権利濫用に該当するものと判断することにより、被害者救済を図ることができるものとされています（筒井健夫＝村松秀樹編『一問一答　民法（債権関係）改正』63・64頁（商事法務、2018））。

　また、時効の更新・完成猶予に関する規定（Ｑ４参照）も、この長期権利消滅期間に適用されることになります。

2　経過措置

　債権一般についての消滅時効期間に関する経過措置としては、基本的に、債権発生時点を新民法適用の基準時として、それが施行日以後の債権には新民法が適用されるものとされています（改正民附則10④）。

　これに対し、不法行為による損害賠償請求権に対する長期権利消滅期間の消滅時効期間化という改正については、改正民法の施行日（令和2年（2020年）4月1日とされています。）において除斥期間が既に経過していなければ新民法が適用され（改正民附則35①）、その損害賠償請求権についての長期権利消滅期間は消滅時効期間と扱われるものとされています。

3　今後の実務に与える影響

　改正前民法下では、物損事故については、そもそも人身事故と比較して紛争が長期化する場合は少なく、また長期権利消滅期間が経過する前に短期消滅時効が完成する場合が多かったことから、改正前民法724条後段が機能する場合は多くはありませんでした。

　改正民法施行後も、やはり物損事故について新民法724条2号が適用されるような場合は少ないものと思われます。

| コラム | 不真正連帯債務者間の求償権の消滅時効期間と債権法改正 |

1　一般の債権の消滅時効の起算点・期間

　改正民法では、職業別の短期消滅時効に関する規定（改正前民170〜174）が削除され、一般の債権の消滅時効期間が、債権者が権利を行使することができることを知った時（主観的起算点）から5年、権利を行使することができる時（客観的起算点）から10年と統一されました（新民166①）。一般に、主観的起算点と客観的起算点は一致しますから、多くの場合、消滅時効期間は5年に短縮されることになります。

2　不真正連帯債務者間の求償権

　使用者責任における使用者・被用者の損害賠償債務、共同不法行為における共同不法行為者の損害賠償債務の性質は、いわゆる不真正連帯債務と解されています。

　この不真正連帯債務を負う者が債務を弁済した場合には、他の債務者に対する求償権を有するものとされています。

　この不真正連帯債務者間の求償権の法的性質について、下級審裁判例ではありますが判断したものがあります。すなわち、東京地裁平成27年1月23日判決（交民48・1・153）は、不真正連帯債務者間の求償権について、被告が不法行為による損害賠償債務の短期消滅時効に基づく消滅時効の抗弁を提出したのに対し、原告が求償権の法的性質は不当利得返還請求権であるとしてその消滅時効期間は10年であると反論した事案において、「本件において、原告が被告に対して行使する不真正連帯債務者間の求償権は、公平の理念から認められるものであって、

Q&A編 第1章 総 論　　15

3年の短期消滅時効を適用すべき実質上の理由もなく、性質上も一般の債権というべきであるから、時効期間は10年（民法167条1項）となると解するのが相当である」として消滅時効の抗弁を排斥しています。

　この事案は人身損害についての求償権を対象とするものですが、物的損害についての求償権についても妥当するものと考えられます。

　このように不真正連帯債務者間の求償権の法的性質を一般の債権と解すると、改正民法施行後における求償権の消滅時効の起算点やその期間についても、不法行為による損害賠償債務についての新民法724条は適用されず、一般の債権についての新民法166条が適用されることになるものと考えられます。

Q4　物損事故と債権法改正（消滅時効（障害事由））

改正民法により消滅時効に関して中断・停止という制度がなくなり、完成猶予・更新という制度が設けられたと聞きました。この改正は物損事故の処理にどのような影響を与えるのでしょうか。

改正民法において、時効障害事由は、完成猶予・更新というものに整理されました。また、新たに時効障害として設けられた協議による時効の完成猶予（新民151）の制度は、物損事故の処理に重要な影響を与えるものと考えられます。

解説

1　時効の完成猶予・更新

改正前民法では、時効障害事由として、中断・停止という制度が設けられていました。

これに対し、改正民法では、従来の制度を改め、時効障害事由について、時効が完成すべき時が到来しても時効の完成が猶予される「時効の完成猶予」（新民151）と、時効期間の経過が無意味なものとなり、新たに零から時効期間の進行が開始される「時効の更新」（新民152）に整理されました。

このような障害事由のうち、例えば、裁判上の請求は、一旦訴えを提起すると、確定判決や和解調書等によって権利が確定することなく終了した場合は、その終了から6か月を経過するまでの間は、時効は完

Q&A編 第1章 総論　17

成しないとしつつ（新民147①一）、確定判決等によって権利が確定した
場合は、その終了した時から新たに時効が進行を始めるとされています
（新民147②）。このように障害事由の中には、時効の完成猶予事由が
更新事由に接続するという意味で両者が一体となっているものがあり
ます（松久三四彦「時効(2)－時効障害」潮見佳男ほか編『詳解改正民法』85頁
（商事法務、2018））。

2　完成猶予事由としての協議を行う旨の書面による合意

　他方、時効の完成猶予の効果だけが認められるものに、催告（新民150）
があります。この他に、今回の改正で新設された時効の完成猶予事由
で、物損事故との関係で重要なものとして、協議を行う旨の書面によ
る合意（新民151）があります。

　権利についての協議を行う旨の合意が書面でなされたときは、①そ
の合意があった時から1年を経過した時（新民151①一）、②その合意に
おいて当事者が協議を行うと定めた1年未満の期間を経過した時（新民
①二）、③当事者の一方から相手方に対して協議の続行を拒絶する旨の
通知が書面でされたときは、その通知の時から6か月を経過した時（新
民①三）のいずれか早い時期までは時効は完成しないとされています。

　協議を行う旨の合意は、更新の措置を執るまでの暫定的なものであ
る点で催告と共通性を有することから、催告によって時効の完成が猶
予されている間に合意がなされても、完成猶予の効果は生じません（新
民151③前段）。また、合意によって時効の完成が猶予されている間に、
再度、書面で協議を行う旨の合意がなされれば、その時点から時効の
完成が更に猶予されますが（新民151②本文）、その期間は本来の時効が
完成すべき時から通算して5年を超えることはできません（新民151②た
だし書）。

なお、協議を行う旨の合意の形式については、債務の承認で実務上行われている差入書方式によっても可能ではないかという指摘があり（石井教文「債権の消滅時効」債権法研究会編『詳説改正債権法』45頁（金融財政事情研究会、2017））、今後の実務の運用を注視すべきであると思われます。

3　時効障害事由についての経過措置

時効障害事由については、障害事由発生時点が新民法適用の基準時とされています。つまり、施行日前に障害事由が生じた場合については改正前民法が適用され、施行日以後に障害事由が生じた場合には新民法が適用されることになります（改正民附則10②③）（なお、改正民法は令和2年（2020年）4月1日に施行されます。）。

4　今後の実務への影響

物損事故との関係では、従来、権利の存否をめぐる紛争が長引いた場合、加害者（側の保険会社）による債務承認が広く行われてきました。今後は、債務の承認と共に、協議を行う旨の書面による合意も積極的に活用されていくものと予想されます。

その意味で、書面による協議を行う旨の合意という制度の新設は、実務に大きな影響を及ぼすものといえるでしょう。

Q5　物損事故と債権法改正（相殺禁止）

改正民法のうち、相殺禁止についての改正は、物損事故の処理にどのような影響があるのでしょうか。

不法行為による損害賠償債権を受働債権とする相殺について、改正前民法下では一律禁止されていたのに対し、改正民法では禁止の対象を①悪意による不法行為に基づく損害賠償請求権を受働債権とする相殺と、②人の生命・身体の侵害による損害賠償請求権を受働債権とする相殺に限定しています。

解　説

1　不法行為債権を受働債権とする相殺禁止に関する改正の趣旨

改正前民法509条は、不法行為に基づく損害賠償請求権を受働債権とする相殺を一律に禁止しています。その趣旨は、不法行為の被害者に迅速に現実の弁済を受けさせてその保護を図るとともに、加害者たる債務者による不法行為の誘発を防ぐことにあるものとされていました。

もっとも、不法行為の誘発防止という点については、過失による不法行為に基づく損害賠償債務については、このような債務は偶発的に生じたものであることから、債務者による相殺を許しても不法行為を誘発することにはならないと指摘されていました。

また、被害者の保護という点についても、不法行為により人的被害

が生じている場合はともかく、同一の交通事故により双方当事者が互いに物的損害についての賠償債務を負っているような場合等では、迅速かつ現実の弁済を実現する要請は低いものといわざるを得ません。むしろ、このような場合には相殺を禁止することにより、かえって当事者間の公平が害されることになりかねません。

そこで、新民法509条は、①悪意による不法行為に基づく損害賠償請求権を受働債権とする相殺と、②人の生命・身体の侵害による損害賠償請求権を受働債権とする相殺のみを禁止することにしました（筒井健夫＝村松秀樹編『一問一答　民法（債権関係）改正』202頁（商事法務、2018））。

これにより、例えば、Aの過失によりA運転車両とB運転車両が衝突し、その結果、AがBに対して修理費等の物的損害賠償債務を負い、BもAに対して損害賠償債務を負うような典型的な事故において、Aは「AのBに対する物的損害賠償債務」つまり「BのAに対する物的損害賠償請求権」を受働債権とする相殺をBに対抗することができることになります（なお、新民法509条2号は「人の生命・身体の侵害」という制限を受働債権に対してのみ課しており、自働債権にはこのような制限はないことに注意が必要です。上記の例でいえば、AのBに対する人身損害についての損害賠償請求権を自働債権、BのAに対する物的損害賠償請求権を受働債権とする相殺も、自働債権については「人の生命・身体の侵害」という制限はない以上、相殺は許されることになります。）。

2　「悪意」の意義

新民法509条1号は、「悪意による不法行為に基づく損害賠償の債務」の債務者による相殺を禁止しています。

Ｑ＆Ａ編　第１章　総　論　21

　１で述べた本条の趣旨からすれば、新民法509条1号は、損害を加え
る意図による不法行為に基づく損害賠償請求権を受働債権とする相殺
を禁止すれば足りることになります。

　新民法509条1号にいう「悪意」の意義については、破産法253条1項
2号の非免責債権で用いられている「破産者が悪意で加えた不法行為
に基づく損害賠償請求権」という表現を借用し、そこでの通説である
害意説を採用したといわれています。すなわち、ここにいう「悪意」
とは、故意では足りず、積極的意欲まで必要であると解されます（潮見
佳男『民法（債権関係）改正法の概要』197頁（きんざい、2017））。

3　改正民法施行後の運用

　同一の交通事故により当事者双方が互いに相手方に対して修理費等
の物的損害賠償債務を負う場合の精算方法として、①クロス払い（当
事者双方の合意に基づき互いの賠償額を各当事者に対し支払うという
処理）のほかに、②相殺払い（互いの損害賠償債務を相殺した上で、
残額の支払を行うという処理）があります。

　このうち、②相殺払いによる処理については、改正前民法下では相
殺の合意の存在が必要とされていました。

　しかし、改正民法の施行後（令和2年（2020年）4月1日に施行されま
す。）には、多くの場合、当事者間の合意がなくとも、一方当事者の相
殺の意思表示により②相殺払いによる処理が可能になります。

　ただし、債務者に事故発生についての「悪意」が認められる場合に
は、新民法509条1号により相殺が禁止される結果、②相殺払いによる
処理を行うためには当事者間の合意を要することになります。

　また、改正前民法下では、例えば、Ｘ運転車両とＹ運転車両がＸＹ
双方の過失により衝突したという事案において、ＸがＹに対して損害

賠償請求訴訟を提起し、この訴訟においてＹが「ＹのＸに対する損害賠償請求権」を自働債権、「ＸのＹに対する物的損害賠償請求権」を受働債権とする相殺の抗弁を提出した場合でも、改正前民法509条により相殺の抗弁は排斥されていました。

これに対し、改正民法施行後には、物的損害賠償請求権を受働債権とする相殺は相殺禁止の範囲外とされていることから、上記のＸＹ間の訴訟では、相殺の抗弁により、請求棄却判決（Ｙ請求権がＸ請求権よりも多額であった場合）や一部認容判決（Ｙ請求権がＸ請求権よりも低額であった場合）が下されることになります。

| コラム | 交叉的不法行為と相殺禁止 |

Ｑ5で説明したとおり、改正民法施行後は、物損事故では一方的意思表示による相殺が許されることになります。

では、人身事故については、改正民法施行後も一方的意思表示による相殺は許されないのでしょうか。

改正前民法の下での判例は、自働債権と受働債権が同一事実（例えば自動車同士の衝突事故）から生じた損害賠償請求権であっても（いわゆる交叉的不法行為の事例）、相殺は許されないとしていました（最判昭32・4・30民集11・4・646）。

しかし、学説の多くは、交叉的不法行為の場合には不法行為の誘発という憂慮すべき事態が生じるおそれのないことを理由に、判例に反対してきました。

そこで、新民法509条の相殺禁止が交叉的不法行為にも妥当するか、改正の議論の過程で問題となりましたが、この点に関する明文化は見送られ、結局、解釈に委ねられることになりました（潮見佳男『民法（債権関係）改正法の概要』197頁（きんざい、2017））。

ただ、有力な見解は、交叉的不法行為の事案が自動車の衝突事故の場合である点に着目し、責任保険制度が普及している昨今では、相殺により双方の受ける損害賠償額を減額するよりも、各自の損害額につき相手方の損害保険会社から全額の弁済を受ける方が被害者の救済に資するとして、責任保険の妥当する交叉的不法行為の領域に限定して新民法509条の適用を認めるべきであると主張しています（潮見佳男『法律学の森　新債権総論Ⅱ』293頁（信山社出版、2017））。

第2章　民事紛争処理上の注意点・留意点

Q6　初回相談時の留意点

弁護士等の専門家が、物損交通事故被害者から初めて損害賠償請求についての相談を受ける際、留意すべき点は何ですか。

法的アドバイスの前提として、当事者、事故の内容、損害の内容などの事実確認をするだけでなく、それを裏付ける資料の有無を確認し、その入手手段等についても助言するとよいでしょう。

また、その際、民事的な解決手段の概要や保険の仕組みについても説明しておくとよいでしょう。

解　説

1　確認すべき事項

物損交通事故の初回相談時には、当事者、事故の内容、責任原因、損害の内容、損害の填補の状況などを確認する必要があります。これらの事項は、法的責任の有無や賠償請求の可否、今後の手続について判断する上で、必要な事項となります。

(1)　当事者

加害者本人、被害者本人の氏名や連絡先の他に、使用者責任を負うべき使用者、加害者側・被害者側それぞれの任意保険会社、加害者側

Q&A編　第2章　民事紛争処理上の注意点・留意点　25

代理人の確認が必要です。

　被害者が任意保険に加入しているときには、車両保険、弁護士費用特約に加入しているか否かも確認しておくとよいでしょう。

　(2)　事故の内容

　事故の内容については、日時、場所、事故態様、車両登録番号や車種、運転者や所有者などを確認します。

　相談の予約を受け付けた時点で、交通事故証明書や物件事故報告書、実況見分調書、相談者自身が作成した状況図等の持参を依頼しておけば、これらの持参書類を基に効率的な聴取を行うことも可能でしょう。

　(3)　責任原因等

　相談者から聴取した事故態様や相談者が持参した図面等を基に不法行為責任の成立要件としての過失の存否、過失相殺の可能性、過失相殺率等を検討する必要があります。特に加害車両がタクシー、バス、トラックといった営業車両である場合には、使用者責任の成否の検討が必要となります。なお、物的損害については、人身損害とは異なり、運行供用者責任（自賠3）は問題となりません。

　(4)　損害の内容

　物損については、被害物件の種類やその所有者（所有権留保物件該当性、リース物件該当性等）、修理費、買替差額、買替諸費用、評価損、代車料、休車損、雑費等の発生の有無を確認します。

　ペットに被害が生じた場合には、慰謝料が発生する場合があります。

　(5)　損害の填補の状況

　初回相談時の時点で既に被害者側に対して、加害者側からの賠償金の支払や被害者側任意保険会社からの車両保険金の支払がなされている場合もありますので、このような支払の有無についても確認が必要です。

2 証　拠

　上記確認事項については、それぞれの裏付け資料の有無を確認します（可能であれば、初回相談時の前に、既に手元にある資料については持参するよう依頼しておくことが望ましいでしょう。）。

　被害者の手元に裏付け資料がない場合には、その取得手段についても説明しておくことが望ましいでしょう。

　初回相談後に弁護士等が相談者から損害賠償請求について委任を受けた場合には、入手未了資料の取得を依頼者自身に行ってもらうのか、弁護士等が手配するのかを検討する必要があります。弁護士等が資料取得を行う場合のうち、特に依頼者が弁護士費用特約に加入しておらず資料取得費用が自費負担になることが見込まれるような場合には、資料取得に着手する前に依頼者に支出予定額等についてあらかじめ説明しておくことが無難でしょう。

3　法的なアドバイス

　相談者の中には、交通事故が起きた場合の民事的な解決手続や自動車保険の仕組み等について詳しく知らない方も多いことから、法的見解のみならず、手続や保険の仕組みなどについての説明、アドバイスも行うとよいでしょう。

　なお、車両保険を使用した場合の保険料の増加額等については、後日、被害者から被害者側任意保険会社の担当者、保険代理店等に確認してもらうということでもよいでしょう。

Q7　物損事故の解決手段

物損事故に遭った場合、損害賠償についての争いを解決する手段としてどのようなものがありますか。

物損事故に関する民事的紛争の解決手段のうち、当事者間の合意に基づく解決を目指すものとしては、示談交渉、民事調停、公益財団法人交通事故紛争処理センターによる和解あっ旋、公益財団法人日弁連交通事故相談センターによる示談あっ旋などの方法があります。

これらの手段により紛争を解決できなかった場合には、民事訴訟による解決を検討することになります。

解　説

1　当事者間による示談交渉

まず、当事者間で物損事故をめぐる紛争を解決する方法としては、第三者機関を介さずに、話合いにより解決することが考えられます。この話合いは、一般に示談交渉といわれています。

物損事故の被害者が示談交渉を行う場合の交渉の相手方は本来、法律上の損害賠償義務者であり、運転者（民709）、運転者の使用者やその代理監督者（民715）などです。

ただ、加害車両に示談代行付きの任意保険が付されているような場合には、加害者が弁護士等の専門家に委任している場合を除き、任意

保険会社の担当者と交渉することになります。示談代行制度の詳細については、コラム「示談代行制度」を参照してください。

相手方と示談交渉を開始する時期については、一般に損害額が確定してから行うのがよいといわれています。人身事故については損害額確定までに時間がかかることがありますが、物損事故については事故後すぐに交渉を始めても問題ないでしょう。

任意保険会社の担当者や弁護士等の専門家が示談交渉を行っているケースにおいて、賠償について合意に至った場合には、示談書、免責証書といった書面が交わされることになります。

事故当事者本人同士の交渉により合意に至った場合にも、後日の紛争の蒸し返しを防ぐために、示談書は作成しておくべきでしょう。

2 第三者機関（ADR）の関与の下で合意による解決を図る手続

当事者間の示談交渉では、中立的な第三者が介在しない結果、互いに妥協点を見いだせずに、合意成立に至らないことが多くあります。

ただ、このような合意成立に至らなかった事案の中には、紛争解決に至るまでの費用、時間の関係から、民事訴訟による解決に適さないものも少なくありません。

一般に、法的紛争について訴訟外での解決を図るために設けられた機関は裁判外紛争処理機関（ADR：Alternative Dispute Resolusion）と呼ばれています。

この裁判外紛争処理機関のうち、交通事故に関する民事上の紛争を対象とするものとしては、（民事調停手続実施機関としての）裁判所、交通事故紛争処理センター、日弁連交通事故相談センターが代表的なものになります。

Q＆A編　第2章　民事紛争処理上の注意点・留意点　　29

(1)　民事調停

民事調停は、「民事に関する紛争につき、当事者の互譲により、条理にかない実情に即した解決を図ることを目的とする」手続であるとされ（民調1）、比較的簡易な紛争解決手段として利用されることが多いといえます。

この民事調停は、後述する交通事故紛争処理センター、日弁連交通事故相談センターの手続とは異なり、有料とされています。

ただ、物損事故を対象とする事件については、民事調停手続は、これらのセンターよりも広い範囲のものを扱うことができるという点に特徴があります。

この調停手続で、合意成立に至った場合には、合意成立について調停調書に記載されることになります。この調書の記載は裁判上の和解と同一の効力を有するものとされています（民調16）。

(2)　交通事故紛争処理センターの利用

交通事故紛争処理センター（いわゆる「紛セ」）は、交通事故の関係者の利益の公正な保護を図るために、交通事故に関する法律相談や和解のあっ旋などを行う公益財団法人です。

この手続は、当事者間の示談交渉で話合いがつかないときに、上記センターの嘱託弁護士が間に入り、公平・中立な立場から示談の成立を目指すというものです。これは、民事調停の民間版とでもいうべき制度です。

上記センターの和解あっ旋手続は、交通事故損害賠償問題に詳しい嘱託弁護士が中立公正な立場であっ旋を行うことから、被害者にとって、自ら弁護士を依頼しなくても適切な救済を受けることが可能となるという利点があります。また、この手続の利用は、民事訴訟の提起や民事調停の申立てといった方法とは異なり、無料であることも利点

の一つとして挙げられます。

　嘱託弁護士によるあっ旋の結果、合意成立に至った場合には、示談書又は免責証書が作成されることになります。

　これに対し、あっ旋が不成立に終わった場合には、一定の条件下で、審査会が審査を行い、裁定を下します（特に、物損事故については、審査・裁定手続の利用に特別の条件が課されていることに注意が必要です。）。

　この審査会が下した裁定に申立人が同意した場合には、相手方保険会社等は裁定に拘束されることから、和解が成立することになります（逆に、裁定に不満があれば、申立人は裁定に拘束されず、別途民事訴訟の提起等により解決を図ることが可能です。）。

　上記センターの利用条件、利用方法等の詳細については、ウェブサイトで確認することができます（http://www.jcstad.or.jp/（2019.3.22））。

（3）　日弁連交通事故相談センターの利用

　日弁連交通事故相談センターでは、損害賠償の交渉で相手方と話合いがつかないときに、日弁連交通事故相談センターの弁護士が間に入り、公平・中立な立場で示談の成立を図るという示談あっ旋制度を設けています。

　この示談あっ旋制度も民事調停の民間版とでもいうべきもので、原則として3回の期日で示談を成立させることを目指しています。

　この手続も、民事訴訟の提起、民事調停の申立てとは異なり、無料で利用することができます。

　あっ旋の結果、合意成立に至った場合には、示談書等が作成されることになります。

　これに対し、あっ旋が不成立に終わった場合には、一定の条件下（特

に、審査手続については、加害者が特定の共済に加入していることが必要とされています。）で、審査委員会による審査手続を利用することが可能とされています。

この審査結果についても、被害者側がこれに同意した場合には、加害者側の共済は審査意見に拘束される結果、審査意見の内容での示談が成立することになります（なお、被害者側は、この審査結果に拘束されません。）。

この日弁連交通事故相談センターの手続を利用するか、それとも交通事故紛争処理センターを利用するかという点については、両者の利用条件（あっ旋申込みの条件、審査手続利用の条件）に応じて判断することになるかと思われます。

3 民事訴訟

示談交渉、ADRの利用等を経ても損害賠償をめぐる争いが解決に至らなかった場合には、民事訴訟手続による解決を検討することになります。

民事訴訟手続は、本来的には判決という形での一方的・強制的な解決を目指すものであるという点で、自主的な合意成立による解決を目指す示談交渉、民事調停手続、交通事故紛争処理センターによる和解あっ旋手続、日弁連交通事故相談センターによる示談あっ旋手続等とは大きく異なることになります（ただ、実際には、民事訴訟が提起された場合であっても、訴訟上の和解という合意に基づき紛争が解決する場合が大半であるといわれています。）。

純粋な物損事故（人身損害を伴わないもの）について損害賠償請求訴訟を提起する場合、その請求額（訴額）は比較的低額にとどまることが多いといわれています。

この訴額が140万円を超えないときには、簡易裁判所が提訴先となります（裁24・33①）。

この簡易裁判所の民事訴訟手続等については、Q10をご参照ください。

民事訴訟手続では、調停手続等とは異なり、専門的な判断を要することが多いことから、なるべく弁護士等の専門家（簡易裁判所の民事訴訟手続については、いわゆる認定司法書士にも訴訟代理権が認められています（司書3①六・②)。）に訴訟追行を依頼するのが望ましいといえるでしょう。

| コラム | 民事調停制度の特徴と注意点 |

Q7で説明したとおり、民事調停手続は、「民事に関する紛争につき、当事者の互譲により、条理にかない実情に即した解決を図ることを目的とする」手続であるとされています（民調1）。

この民事調停について、交通事故紛争解決手段という点から見た特徴、注意点には、下記のものがあります。

1 公益財団法人交通事故紛争処理センターや公益財団法人日弁連交通事故相談センターの手続と比較して、取扱い可能な事件の範囲が広いこと

交通事故紛争処理センターの和解あっ旋手続では、自転車同士の事故は利用対象外とされています。この他にも、加害者が任意自動車保険に加入していない場合には加害者の同意が必要となる等の種々の制限があります。さらに、審査手続についても、特別な条件（車両相互の衝突等によって、双方に物損が発生し、かつ双方に過失が認められる場合には、双方の損害に対して双方の所有者（損害賠償請求権者）があらかじめ裁定に同意すること等）が必要とされています。

日弁連交通事故相談センターの示談あっ旋手続についても、物損事故については、加害者が一般社団法人日本損害保険協会加入損害保険会社の物損示談代行付きの任意保険又は特定の共済に加入していることが必要という条件があります。さらに審査手続については、物損事故・人身事故ともに相手方が特定の共済に加入していることが要求されています。

このように、交通事故紛争処理センターや日弁連交通事故相談セン

ターの手続では、種々の条件により取扱可能な事件の範囲に制限があるのに対し、民事調停手続では、このような条件はないことから、例えば自転車同士の事故で生じた自転車の修理費用をめぐる争い等についての解決を求めるといったことも可能ということになります。

2 管 轄

いわゆる交通調停事件（自動車の運行によって人の生命又は身体が害された場合における損害賠償の紛争に関する調停事件（民調33の2））については、その土地管轄について特則（民調33の2）が設けられています。

しかし、物損事故については、「人の生命又は身体が害された場合」（民調33の2）に該当しないことから、物損事故についての調停についてはこの特則は適用されません。

その結果、物損事故を対象とする事件の管轄は、管轄の合意（民調3①）が成立しない限り、民事調停法3条1項が定める原則のとおり、相手方の住所、居所、営業所若しくは事務所の所在地を管轄する簡易裁判所にあることになります（なお、この民事調停法3条1項の原則的管轄には、民事訴訟事件とは異なり、義務履行地の管轄（民訴5一）は含まれていないことにも注意が必要です。）。

3 調停に代わる決定

民事調停において、当事者間に合意が成立しなかった場合であっても、裁判所は、調停委員の意見を聴いた上で、職権で事件解決のために必要な決定を行うことができるものとされています（民調17）。

この決定は調停に代わる決定（いわゆる17条決定）と呼ばれており、交通事故に関する調停事件では、合意不成立の理由が当事者間の感情

的対立にすぎないとき等に利用されています。

この調停に代わる決定について、当事者は、その告知を受けた日から2週間以内に異議の申立てを行うことができます（民調18①）。上記期間内に適法な異議申立てがあったときには調停に代わる決定は失効し（民調18②）、調停手続は終了することになります。

これに対し、上記期間内に適法な異議申立てが行われなかった場合には、調停に代わる決定が確定し、裁判上の和解と同一の効力が発生することになります（民調18⑤）。

従前、この調停に代わる決定という制度はあまり利用されていなかったといわれています。

ただ、司法研修所編『簡易裁判所における民事調停事件の運営方法に関する研究』90頁（法曹会、2013）では、「調停に代わる決定は、調停の紛争解決機能を高めるために、今後より積極的に活用していくべき手続である」とされていることから、今後、交通事故を対象とする調停事件でも、調停に代わる決定が下されるケースが増えてくるものと思われます。

4 時効中断（時効障害）

調停の申立ては改正前民法151条により時効中断事由となり、調停不成立のときは1か月以内に訴訟提起をしなければ時効中断の効果が維持されないことになっていましたが、改正民法の下では、調停の申立てにより時効の完成が猶予され（新民147①三）、調停が不調に終わったときには、その時から6か月間を経過するまでの間は時効は完成しないものと改められています（新民147①柱書）。

なお、交通事故紛争処理センターや日弁連交通事故相談センターへの手続利用の申込みには、時効中断効は認められていません。

5　加害者からの申立て

　民事調停手続では、加害者側からの申立ても多く行われています。

　加害者側から申立てが行われる場合としては、事前の交渉段階で被害者側が過大とも思われる請求をしているケースが挙げられています（日本弁護士連合会ADR（裁判外紛争解決機関）センター編『交通事故の損害賠償とADR　日弁連ADRセンター双書2』96頁（弘文堂、2010））。この他にも、加害者側が示談交渉のために被害者に電話を掛けても被害者が一切電話に出ないため交渉が進展しないといったケースでも調停が利用されているようです。

　加害者側による裁判所の手続を利用した紛争解決手段としては、調停申立て以外にも、債務不存在確認訴訟の提起というものもあります。この債務不存在確認訴訟の提起という方法と比べて、調停申立てという方法には、①申立ての趣旨の記載について「相当な損害賠償額の調停を求める」といった非常に穏やかな表現が可能になること（日本弁護士連合会ADRセンター・前掲97頁）や、②いわゆる「確認の利益」（特に即時確定の利益）の存在が要求されていないことといった利点があります。

Q8 物損被害者が提訴時に提出することが望ましい証拠書類

物損事故について損害賠償請求訴訟を提起する際、提出することが望ましい証拠書類としてはどのようなものがありますか。

①交通事故証明書、②自動車検査証、③事故現場の図面、④事故現場の写真、⑤事故車両（原告車両及び被告車両）の損傷状況の写真、⑥事故車両（原告車両）の修理見積書は、裁判所が基本書証と位置づけていますので、これらの証拠書類は提訴時に提出すべきでしょう。

解 説

司法研修所編『簡易裁判所における交通損害賠償訴訟事件の審理・判決における研究』21・22頁（法曹会、2016）では、原則として全ての物損事故事件において提出を求めるのが望ましい基本書証として、①交通事故証明書、②自動車検査証、③事故現場の図面、④事故現場の写真、⑤事故車両（原告車両及び被告車両）の損傷状況の写真、⑥事故車両（原告車両）の修理見積書を挙げています。

これらの基本書証については、これらの書類を提訴時に提出しなかった場合には、裁判所書記官が原告に対して架電等により提出を指示することが多いことから、原告としては、あらかじめこれらの基本書証を入手した上で、提訴時に提出しておくことが望ましいものと考えられます。

上記基本書証のうち、③事故現場の図面については、司法研修所・前掲22頁では、「判決書に添付できる図面」が望ましいものとされ、この「判決書に添付できる図面」については「道路の幅員、車線数、形状等が正確に記載されているものが望ましい」ものとされています。

ただし、訴え提起の段階で提出される図面については、現場の道路状況が分かればそれでよいものとされています（司法研修所・前掲22頁）。

現場の道路状況が分かる程度の図面については、物件事故報告書の図面、現場の地図（例えば、ゼンリン住宅地図プリントサービスではコンビニエンスストア設置のマルチコピー機で地図の出力が可能です。）等の利用が考えられます（ただし、物件事故報告書の図面については、簡略化の結果、現場の道路状況が分からない内容のものも少なくありません。）。

これに対し、「道路の幅員、車線数、形状等が正確に記載されている」図面については、実況見分調書内の図面（ただし、物損事故では実況見分調書は基本的に作成されないものとされています。）、損害調査会社作成の事故調査報告書の図面等が考えられます。

このうち、損害調査会社作成の事故調査報告書については、提訴前の交渉段階で既に過失相殺が争点となっている事案においては、損害保険会社が損害調査会社に発注して作成されている場合があります。この事故調査報告書には、事故現場の図面の他、運転者からの聴取内容、警察からの聴取内容、損害調査会社の判断した過失相殺率等が記載されていることもあります。原告本人も任意保険に加入している場合、原告から委任を受けた弁護士が原告側任意保険会社に対して事故調査報告書の提供を求めたときには、任意保険会社がこれに応ずることもあるようです（ただし、上記のとおり、事故調査報告書には運転者からの聴取内容も記載されていることがあり、場合によってはその

内容は原告にとって不利なものとなっていることもあることから、この報告書の提出の際にはその内容を慎重に検討すべきでしょう。）。また、被告側任意保険会社の発注により作成された事故調査報告書についても、提訴前の過失相殺に関する交渉段階で、被告側任意保険会社から報告書のコピーの提供を受けることができる場合もあります。

④事故現場の写真の提出についても、実況見分調書、事故調査報告書の提出等が考えられます。この他に、原告側運転者、弁護士等が撮影した事故現場写真を証拠として提出するということも多いようです。

⑤事故車両の写真については、アジャスターが損害調査報告書を作成している場合には通常、その内容には修理工場への入庫時の車両写真が含まれているので、この報告書を証拠として提出することが考えられます。

なお、事故直後の時点において、原告側運転者も、原告車両、被告車両を撮影していることがあるので、弁護士等が委任を受ける際には、一応、依頼者等に撮影の有無等を確認しておくとよいでしょう。

Q9　物的損害の賠償を請求する際の立証資料

物的損害の賠償を請求する際の立証資料としては、どのようなものがありますか。

物的損害の賠償を請求する際にどのような資料を証拠として提出するのかという点については、不法行為の成立要件としての過失や過失相殺の要件としての過失について争いがあるか、損害として何を請求するか等に応じて検討する必要があります。

解　説

1　主張・立証責任

　物損交通事故について、民法709条に基づき損害賠償請求を行う場合、被害者たる原告は、少なくとも①交通事故が発生したこと、②交通事故の発生が加害者の故意又は過失によること、③被害者の財産権が侵害され、これによって損害が発生したことを主張・立証する必要があります。

　なお、このうち、②加害者の故意又は過失という主観的要件については、物損事故については、人身事故とは異なり、自動車損害賠償保障法3条の適用はないため、いわゆる立証責任の転換は行われないことになります。

2　具体的な資料

　(1)　①交通事故の発生、②加害者の故意又は過失についての資料
　①交通事故の発生、②加害者の故意・過失の立証のための資料とし

ては、交通事故証明書、物件事故報告書、実況見分調書（人身損害を伴う場合等）、ドライブレコーダー（事故発生当時に事故現場付近を走行していた車両に設置されていたものを含みます。）が記録した動画データ、運転者が事故直後に撮影した車両・現場の写真、修理見積書、修理工場・アジャスター等が撮影した車両写真、事故現場付近の防犯カメラが記録した事故当時の動画データなどが考えられます。

　物損事故については、通常、実況見分調書は作成されませんが、警察署内限りの報告書として、物件事故報告書が作成されていることがあります。この物件事故報告書は、警察署長に対する弁護士会照会により入手することが可能です（なお、愛知県弁護士会編『事件類型別弁護士会照会』99頁（日本評論社、2014）によると、①信号機や道路標識等の損壊を伴う事故や、②住宅等他人の建造物の損壊等を伴う事故等の場合には、実況見分調書が作成されていることもあるとのことです。）。

(2)　③損害の発生等に関する資料

　③損害の発生やその内容を明らかにするための資料としては、具体的な損害の種類等に応じて、様々なものが考えられます。

　　ア　被害車両の所有権、利用権を立証するための資料

　被害車両の所有権、利用権等を立証するための資料としては、自動車検査証、登録事項等証明書等を挙げることができます。

　　イ　修理費額等を立証するための資料

　修理費については、領収書、修理明細書（又は修理見積書）、被害車両写真、アジャスター作成の見積書等があります。

　買替差額が損害賠償の対象となる場合に、自動車の時価を立証するための資料としては、業者による査定書の他に、オートガイド自動車価格月報（レッドブック）、中古車情報誌、インターネット上の中古車

42 **Q&A編** 第2章 民事紛争処理上の注意点・留意点

価格情報等があります（インターネット上の中古車情報の注意点については、〔**事例4**〕をご参照ください。）。

いわゆる評価損を請求する場合については、被害車両の所有権・車種・初度登録時期等を立証する資料としては、自動車検査証、登録事項等証明書を挙げることができます。また、現在の実務ではいわゆる修理費基準方式により評価損が算定されることが多いことから、評価損請求者は、評価損額の立証のために、修理見積書も提出しておくべきでしょう（評価損の発生・金額の立証資料としては、一般財団法人日本自動車査定協会の事故減価額証明書を提出するという方法も考えられます。この事故減価額証明書に対する評価については、**コラム「事故減価額証明書に対する評価」**をご参照ください。）。

代車料損害を請求する場合には、代車の使用、代車の日額、代車使用期間を立証する資料としては、代車提供会社作成の請求書・領収書等が考えられます。さらに、相当な代車期間が争点となる場合には、修理見積書の提出が有益となることもあります。

休車損や営業損害を請求する場合には、いわゆる得べかりし利益についての立証が必要となりますので、確定申告書の控え（税務署の受付日付印があるもの）等で利得と経費を明らかにして、1日当たりの利益を計算し、立証することが考えられます。

ペットの治療費等を請求する場合には、領収書の他に、診断書やカルテが必要となります。

Q10　簡易裁判所の通常民事訴訟手続を利用する際の留意点

交通事故事件について、簡易裁判所における通常民事訴訟手続を利用する際に留意すべき点についてはどのようなものがありますか。

簡易裁判所における訴訟手続は、特に、裁量移送、認定司法書士による訴訟代理、続行期日における陳述擬制、司法委員の活用、人証調べなどの点で地方裁判所における訴訟手続と違いがあります。

解　説

1　事物管轄と裁量移送

　訴額が140万円を超える請求については、地方裁判所の事物管轄となる（裁24一）のに対し、訴額が140万円以下の請求については、簡易裁判所の事物管轄となります（裁33①一）。

　しかしながら、簡易裁判所は、訴訟がその管轄に属する場合であっても、相当と認めるときは、申立てにより又は職権で、訴訟を地方裁判所に移送することができます（民訴18）。これが裁量移送と呼ばれる制度です。

　簡易裁判所における訴訟手続は、一般の方でも利用しやすいように、手続が簡略化されるなどされています。その反面、事実関係が複雑であったり、難しい法律上の争点があったりする場合には、地方裁判所での審理がふさわしいこともあることから、裁判所の裁量的判断による移送が認められています。

この移送の申立てがあったときには、裁判所は、相手方の意見を聴くことを要するものとされています（民訴規8①）。これに対し、職権による移送については、当事者双方の意見聴取は任意とされています（民訴規8②）。

また、申立てによる移送決定又は移送の申立てに対する却下決定に対しては、即時抗告が可能とされています（民訴21）。職権による移送決定に対しては、当事者双方が即時抗告権を有します。ただ、実務上、裁量移送が行われる場合には、裁判所は事前に当事者に対して即時抗告権放棄書の提出を求めることが多いようです。

2 司法書士による訴訟代理

司法書士法3条2項による法務大臣の認定を受けた司法書士（いわゆる認定司法書士）は、簡易裁判所の事物管轄の範囲内の民事紛争につき、簡易裁判所において、民事訴訟等について代理行為ができるものとされています（司書3①六イ）。なお、上訴の提起については、自ら代理人として手続に関与している事件の判決、決定又は命令に係るものについては、認定司法書士でも可能とされています（司書3①六ただし書）。

3 陳述擬制の続行期日への拡張

簡易裁判所の訴訟手続では、いわゆる陳述擬制制度が続行期日にも拡張されています（民訴277・158）。

4 司法委員

簡易裁判所の民事訴訟では、司法委員が活用されています。

司法委員とは、民間人の中から選任された非常勤の裁判所職員で、

Q&A編　第2章　民事紛争処理上の注意点・留意点　　45

裁判官が和解を試みるときにその補助をしたり、審理に立ち会って、裁判官に、参考となる意見を述べたりします（民訴279①）。

　実務では、司法委員が和解に向けた話合いに関与し、その社会的経験等に基づいて妥当な解決へと当事者を導く役割を果たしています。

5　人証調べ

　簡易裁判所における民事訴訟でも人証調べは行われますが、地方裁判所における手続と違い、裁判官の許可を得て、当事者・証人の陳述の結果の調書への記載を省略することができるとされています（民訴規170①）。この調書省略は、東京簡易裁判所では、交通事故事件に限られず、ほぼ全ての事件で実施されているようです。

　調書省略が行われる場合には、裁判所書記官は、裁判所の命令又は当事者の申出があるときには証人等の尋問を録音テープ等に記録しなければならないものとされています（民訴規170②）。

　このような調書省略事件について控訴がなされた場合には、多くの控訴裁判所では、簡易裁判所における証人尋問等を記録した録音テープ等の内容を反訳した書面の提出を求めています（なお、控訴裁判所での尋問の実施については、それが再度のものであるか否かを問わず、消極的な裁判所が多いようです。）。

　上記のとおり多くの事件で調書省略が実施されていることから、人証調べの結果が立証上重要な位置を占めるものと見込まれる場合には、早期の段階で裁量移送の申立て（民訴18）を行うことも検討に値するでしょう。

6　上　訴

　簡易裁判所の判決に対して不服がある場合には、地方裁判所に控訴

することができます（なお、交通事故損害賠償請求訴訟について東京簡易裁判所の判決に控訴した場合、その事件は東京地方裁判所交通専門部に係属するものとされています。）。

地方裁判所が控訴審として下した判決に不服がある場合には高等裁判所への上告を検討することになりますが、上告は控訴とは異なり特別の理由、すなわち上告理由が必要とされています。

この上告理由について、高等裁判所への上告では、最高裁判所への上告とは異なり、憲法違反（民訴312①）、絶対的上告理由（民訴312②）の他に、判決に影響を及ぼすことが明らかな法令違反も上告理由になるものとされています（民訴312③）。

| コラム | 少額訴訟制度 |

　少額訴訟とは、60万円以下の金銭の支払を求める場合に限り、利用することができる制度です。この手続では、1回の期日で審理を終えて判決をすることが原則とされています（民訴370①）ので、証拠は審理の日にその場ですぐに調べることができるものに限られています（民訴371）。また、少額訴訟手続においても、いわゆる和解の勧試が積極的に行われています。

　原告が少額訴訟の提起を行った場合でも、被告は、通常手続への移行の申述により、通常訴訟手続での審理等を求めることが可能とされています（民訴373①）。

　少額訴訟の判決では、被告の資産や支払能力を考慮して、分割払や支払猶予を付ける判決を言い渡すことができるものとされています（民訴375①）。

　少額訴訟の終局判決に対する不服申立方法については、控訴は禁止され（民訴377）、判決を下した簡易裁判所に対する異議申立てのみが許されています（民訴378①）。異議申立てがあったときは、少額訴訟判決の全部について確定が遮断され（民訴116①②・378①）、少額訴訟の弁論終結前の程度に訴訟が復活し、簡易裁判所の通常訴訟と同様の手続により審理等が行われることになります（民訴379①）。

| コラム | 簡裁交通事故訴訟と司法委員 |

　Q10において説明したとおり、簡易裁判所における民事訴訟手続の特徴の一つとして、司法委員制度があります。

　司法研修所編『簡易裁判所における交通損害賠償訴訟事件の審理・判決に関する研究』30頁（法曹会、2016）によると、特に交通事故損害賠償事件において司法委員は広く活用されており、平成27年では、通常訴訟における司法委員関与率は51.1％に至っているとのことです（なお、通常訴訟全事件における司法委員関与率については、13.1％にとどまるとのことです。）。

　そして、司法研修所・前掲30頁では、物損事故において指定される司法委員について、保険会社の元従業員、アジャスター、弁護士、元警察官といった交通事故に関する一定の専門的知識を有する司法委員が多いものとされています。

　なお、交通事故損害賠償事件において司法委員が広く活用されている理由については、司法研修所・前掲30頁では、①物損事故事件では、当事者等の供述の信用性判断を行わなければならない事件が多く、事実認定に悩むこと、②過失割合の判断も、基準があるといっても実際に生じる事故は千差万別であり、悩むことが多いこと、③車の損傷状況から事故態様を認定する場合や適正な修理費用を認定する場合等には、専門的知識が必要になることにあるものと分析されています。

| コラム | 録音テープ等の反訳 |

　Q10で説明したとおり、簡易裁判所の通常民事訴訟手続では、裁判官の許可があるときには証人等の陳述の調書記載を省略できるものとされています（民訴規170①）。そして、この調書省略の際に、裁判官の命令又は当事者の申出により、当事者の利用に供するため録音テープ等に証人等の陳述等を記録しなければならず、当事者の申出があるときには裁判所書記官は録音テープ等の複製を許さなければならないものとされています（民訴規170②）。

　この民事訴訟規則170条2項に基づき作成された録音テープ等は、訴訟記録の一部ではないことから、控訴が行われても控訴裁判所には送付されないものとされています。

　そのため、簡易裁判所において証人等の尋問が行われた事件について控訴がなされた場合、控訴裁判所は、第1審の尋問の具体的内容を把握するため、当事者に対して録音テープ等の反訳書面の提出を指示することになります。

　この反訳書面の提出者について、圓道至剛『企業法務のための民事訴訟の実務解説』317・318頁（第一法規、2018）では、「実務的には、第1審において主尋問をした側の当事者本人・証人に係る尋問の録音テープの反訳書面を証拠として提出するよう求めることになります（すなわち、第1審の原告側は、原告本人、原告側申請承認の尋問の分の反訳書面を提出することを求められ、第1審の被告側は、被告本人、被告側申請承認の尋問の分の反訳書面の提出を求められることになります）」とされています。

　ただ、裁判所によっては、このような指示を行わずに、例えば、控

訴人に弁護士が付いていないのに対して被控訴人には弁護士が付いているような場合には、被控訴人に録音テープの内容全ての反訳を行うよう指示するようなところもあります（ただ、このような指示については、控訴というアクションを起こさなかった側に事実上全面的に費用を負担させるという点で、条理にかなうのか疑問の余地もあり得るでしょう。)。

| コラム | 訴状作成時の注意点 |

交通事故に基づく損害賠償請求事件については、例年、『赤い本』上巻に訴状例が掲載されているので、多くの場合、この訴状例に基づき訴状を作成すれば問題はないでしょう。

ただ、交通事故により生じた物的損害を請求する訴状を作成する場合には、下記の点に注意を要します。

1　責任原因の記載（物的損害の他に人身損害も生じている場合）

周知のとおり、物的損害については自動車損害賠償保障法3条の適用はなく、そのため、物的損害のみを請求する訴状では、責任原因として自動車損害賠償保障法3条を記載したものはほとんどありません。

ただ、自動車交通事故により人身損害の他に物的損害も生じている場合には、責任原因として自動車損害賠償保障法3条のみを記載したものが散見されます。

本来、人身損害と物的損害が両方生じている場合の責任原因については、①民法709条等の自動車損害賠償保障法3条以外の根拠規定を記載する、又は②自動車損害賠償保障法3条と共に民法709条等を記載する必要があります。

それにもかかわらず、このような場合にも訴状に自動車損害賠償保障法3条しか記載されていないという事態が生じる原因としては、当初、依頼者から人身損害についての説明を受け、これに基づき訴状案を作成してこの案を依頼者に送付し確認を求めたところ、依頼者から物的損害も発生している旨の追加申告を受け、この申告に基づき訴状

案を修正したが、その際、責任原因部分の修正を失念したといったことが考えられます。

よって、人身損害請求に物的損害請求を追加する修正を行う場合には、いわゆる損害論部分だけではなく、責任原因部分の再確認を行うのが無難でしょう。

2　原告車両所有権立証資料の準備

かつて修理費請求事案については、所有権留保特約付車両売買契約の買主等の非車両所有者であっても損害賠償請求権の帰属主体となり得ることから、訴訟の初期段階では、裁判所が原告車両の所有者が誰かという点についての明示・証拠提出を要求することは多くはありませんでした。

ただ、近時、修理費請求事案であっても、訴状等において原告車両所有者が明らかにされていない場合には、訴状受理直後の時点でも、裁判所が原告に対して証拠の追加提出等を求めることが多いという印象を受けます。

このような近時の傾向を踏まえると、訴状提出に先立ち、あらかじめ原告車両の所有者に関する資料（自動車検査証、登録事項等証明書等）を入手し、訴状に原告車両所有者が原告であること等を記載し、所有者資料も訴状と共に提出しておいた方がよいかと思われます。

3　被害者・加害者、被害車両・加害車両という表現

損害賠償請求事件の訴状において、被害者・加害者、被害車両・加害車両といった評価を伴う表現を用いるものがあります。このような訴状については、被告による請求原因に対する認否の際、被告がその表現自体を争い、原告とは別の表現を用いることが少なくありません。

Q & A編　第2章　民事紛争処理上の注意点・留意点　　53

この場合、表現上の争いという本質的ではない争点が増えてしまうことになります。

　このような事態を避けるためには、訴状の表現としては、被害車両・加害車両等の評価を伴う表現は避け、追突車・被追突車、直進車・進路変更車等の評価を伴わない表現を用いるのが望ましいと考えられます（ただし、①事故の発生について原告に落ち度がないことが明らかな場合、②原告本人が被害者・加害者という表現に強いこだわりを有する場合等については、被害者・加害者等の表現を用いることもやむを得ないかもしれません。）。

Q11 訴訟上の和解時の注意点

物損事故について、私は原告訴訟代理人として損害賠償請求訴訟を追行しています。この訴訟において、先日、裁判所が和解案を示しました。この和解案について、原告側では受諾する予定ですが、和解の際に注意すべきことはありますか。

物損事故についての損害賠償請求訴訟については、和解成立前に、精算方法、賠償金の支払先、保険の有無・使用・免責等を確認しておくことが無難でしょう。

解　説

　物損事故において訴訟が提起された場合でも、判決言渡しに至る前に、訴訟上の和解により解決するケースが多く見られます。

　物損事故についての損害賠償請求訴訟において訴訟上の和解を行う際の注意点としては、下記のものがあります。

1　精算方法

　車両同士の交通事故で、過失相殺が行われる場合の和解条項上の精算方法としては、相殺払い（当事者双方の損害賠償債務を相殺し、相手方よりも多い賠償義務を負担していた者が相殺後の残額を相手方に支払う方法）、クロス払い（当事者双方が相殺を行うことなくそれぞれ相手方に和解額等を支払う方法）があります。

　どちらの方法で精算するのかという点については、和解成立前に、

依頼者に確認しておく必要があります（依頼者が車両所有者等の場合には、和解成立前に、依頼者等が加入する保険会社にも連絡し、精算方法の確認の他、相殺払いを選択する場合には保険会社から依頼者に対して和解成立後の具体的な処理についての説明の依頼等を行っておくのが望ましいでしょう。）。

また、依頼者への確認後、相手方にも連絡し、精算方法について協議しておくべきでしょう。

2 運転者と車両所有者が別人である場合

車両同士の交通事故で、事故発生について双方車両運転者に共に過失の存在が認められる場合、双方車両運転者はそれぞれ相手方車両所有者等に対して損害賠償義務を負担します。

このような場合、運転者がその運転車両についての損害賠償請求権を有しているとは限りません。

例えば、Aが近所への買い物のために配偶者であるBの所有車両を借りて運転していたところ、A運転車両がC運転車両（C所有）に衝突し、A、C双方に過失が認められる場合、C運転車両の修理費賠償請求権はCに帰属しますが、A運転車両の修理費賠償請求権は運転者Aではなく所有者Bに帰属します。

このような場合に、AC間の訴訟においてBC間の関係についても訴訟上の和解により一挙に解決したい場合には、Bに利害関係人として訴訟に参加してもらった上で和解を成立させるという方法があります。

なお、利害関係人として和解に参加する場合、裁判所に利害関係人参加申出書、訴訟委任状（利害関係人に代わり代理人が出頭する場合）、資格証明書（利害関係人が法人である場合）の提出が必要とされています。

3 対物賠償責任保険の使用、免責額の有無の確認

　賠償義務者が交通事故発生時点において対物賠償責任保険に加入していなかった場合、賠償義務者による和解金の支払の確実性が担保されていないため、和解に向けた交渉の際、賠償請求権者は、和解条項にいわゆる過怠約款を入れることを求めることが多くあります。

　これに対し、賠償義務者が対物賠償責任保険に加入していた場合には、賠償義務の履行はほぼ確実であると考えられることから、過怠約款を入れることは比較的少ないでしょう。

　ただ、賠償義務者が対物賠償責任保険に加入していた場合であっても、賠償義務者がその保険を使用するとは限りません。

　物損事故においては損害額が低額にとどまることが多く、賠償義務者が対物賠償責任保険を使うまでもなく「自腹」で和解金等を支払うことが可能な場合が多くあります。

　また、賠償義務者が対物賠償責任保険を用いて賠償金を支払った場合、将来の保険料が増額となる可能性があります。

　このような事情から、特に賠償額と将来の保険料の増加額を比較して後者が前者を上回るような場合、賠償義務者が対物賠償責任保険を用いずに「自腹」で和解金等を支払うこともあり得ます。

　このように賠償義務者が「自腹」で支払う場合には、賠償義務者が対物賠償責任保険に加入していなかった場合と同様に、支払の確実性は必ずしも担保されていません。

　また、対物賠償責任保険契約において、免責額が設定されている場合もあります。この免責額についても、やはり支払の確実性は担保されていません。

　そのため、和解金等の支払義務者となる予定の相手方が対物賠償責

Q&A編 第2章 民事紛争処理上の注意点・留意点 57

任保険に加入している場合であっても、和解成立前に、相手方に対し、対物賠償責任保険を使用するか否か、免責額が設定されているか否かを確認しておくべきでしょう（なお、このケースとは逆に、車両所有者等の依頼者が和解金等の支払者となることが予想される場合には、代理人は、依頼者に対し、保険を使用した場合の増加保険料額等をあらかじめ加入保険会社に確認するよう促した上で、保険を使用するか否かを判断するよう助言しておくのが無難でしょう。）。

第3章 各 論
第1 修理費等

Q12 修理費賠償請求（一般論）

修理費の賠償を求めて損害賠償請求訴訟を提起する場合にどのような事実を主張し、どのような証拠を提出すればよいでしょうか。

修理費の賠償を請求する際に主張・立証すべき事実としては、①車両が当該事故によって損傷した事実、②修理済み（又は修理予定）の事実、③修理費の額（又は見込額）が挙げられます。

また、修理費の賠償を請求する際に提出すべき証拠としては、領収書、修理明細書、修理見積書、事故車両の写真等があります。

解 説

1 修理費が損害賠償の対象となる場合

車両が事故によって損傷した場合において、損傷車両の修理が可能なときには、その車両の所有者は、原則として、必要かつ相当な修理費の賠償を請求することができるものとされています（ただし、損傷車両の修理が可能なときであっても、損傷車両が経済的全損に当たる場合や車体の重要な本質的構造部分が事故によって重大な損傷を受け

た場合には、修理費ではなく、いわゆる買替差額が損害賠償の対象となります。)。

2 修理費賠償請求の際に主張・立証すべき事実

修理費の賠償を請求する際に主張・立証すべき事実としては、①車両が当該事故によって損傷した事実、②修理済み（又は修理予定）の事実、③修理費の額（又は見込額）が挙げられます（東京地裁民事交通訴訟研究会「東京地裁民事第27部における民事交通訴訟の実務において」別冊判タ38号17頁（2014））。さらに、この③修理費の額（又は見込額）については、修理の必要性又は相当性に争いのあるときは、合計額を主張するのみでは足りず、修理の内容を具体的に（修理方法、交換部品の価格、工賃等）主張する必要があるものとされています（東京地裁民事交通訴訟研究会・前掲17頁）。なお、森冨義明＝村主隆行編『裁判実務シリーズ9交通関係訴訟の実務』430頁（商事法務、2016）では、「相当な修理費と認められるためには、①車両の損傷状態を回復するのに必要かつ相当な修復行為に要する費用であって、②その額が経済的に相当であることを立証する必要がある」ものとされています。

3 修理費賠償請求の際に提出すべき証拠

東京地裁民事交通訴訟研究会・前掲17頁では、修理費の証拠として、領収書、修理明細書、修理見積書、事故車両の損傷状況及び修理内容が分かる写真が例示されています。

また、森冨＝村主・前掲430・431頁では、損傷の事故起因性が問題となる場合（加害者が当該損傷は事故前から存在すると主張している場合や事故後に生じたものであると主張している場合等）の証拠として、事故態様に関する資料（実況見分調書等）、損傷車両及び相手方車

両の損傷状況に関する資料等（写真、見分時に作成されたスケッチ等）、アジャスターの意見書、工学鑑定書、損傷車両の本来の形状を示す資料（損傷車両のパンフレット等）が例示されています。

　これに対し、必要な修理の程度が問題となる場合（被害者が部品交換が必要であると主張しているのに対して加害者が部分補修で足りると反論している場合等）の証拠については、森冨＝村主・前掲431頁では、修理工場の見積書、アジャスターや修理業者の意見書、修理マニュアルが例示されています（なお、この修理工場の見積書について、森冨＝村主・前掲431頁は、「当該車両の正規ディーラー若しくはその指定工場が作成した見積書については、その内容が当該車両につき一般的、標準的修理方法に従ったものであり、費用も標準的内容に従って算出されたものと一般的には考えられよう」と評価しています。）。

Q&A編　第3章　各　論　　　　　　　　61

Q13　全塗装費用請求の可否

修理のための塗装で、色むらの発生を防ぐために、修理箇所を超えて車両全体の塗装を行った場合、このような塗装費用について加害者に請求することも認められますか。また、このような請求が認められるとすれば、具体的にどのような場合に認められるのでしょうか。

このような全塗装に要する費用の賠償請求については、裁判実務では基本的に認められていません。もっとも、この全塗装費用請求の可否という問題は、相当な修理としてどの範囲まで認められるのかという視点から検討すべきでしょう。

解　説

1　全塗装か部分塗装か

　修理の一環として塗装を要する場合、車両所有者等が、塗装を行う修理箇所と塗装を行わない非修理箇所との間で色むらが生じるのを避けるために、修理箇所を超えて車両全体の塗装（全塗装）を希望する場合があります。

　このような場合に、全塗装に要する費用が損害賠償の対象になるかが争点になることがあります（なお、車両所有者等が事故前に被害車両に特別なコーティングを施していた場合にも、やはり車両全体のコーティング費用が損害賠償の対象となるか否かをめぐり争いが生じる

ことがあります。)。

いわゆる修理費用については、一般に、必要かつ相当な範囲の費用が損害賠償の対象となるものとされています。

塗装は修理の一環として行われることから、塗装費用についても、修理費用と同様に、必要かつ相当な範囲の費用が認められるものと考えられます。

裁判実務では、車両全体を塗装しなければならない合理的理由がない限り部分塗装をもって相当と考える傾向にあります（磯邉裕子「車両損害をめぐる諸問題（上）―車両損害の評価を中心として」判タ1392号20頁以下（2013）においても、「裁判例においては、全塗装は特段の事情がなければ認められていないといえる」と分析されています。）。

2　どのような場合に全塗装費用請求が認められるか

いかなる場合に全塗装費用請求が認められるかという点に関して、札幌地裁室蘭支部昭和51年11月26日判決（交民9・6・1591）は、次の①～③を挙げており、これが参考とされています。

① 特殊な塗装技術を施してあるため部分塗装では他の部分との相異が明白となって美観を害する場合

② 車両自体が高価なもので車両の価値の大部分が外観にかかっている場合

③ 再塗装の範囲が広いため全塗装する場合と比較して費用に大きな差異を生じない場合

実際の裁判例で全塗装費用請求が認められたものとしては、次のようなもの等があります。

| Q&A編 | 第3章 各 論 | 63 |

① 東京地裁平成元年7月11日判決（交民22・4・825）

　→バッテリー液の飛散範囲が広範囲であったという特殊事情があっ
　　た事例（バッテリー液は塗装、下地の腐食の原因となる）

② 神戸地裁平成13年3月21日判決（交民34・2・405）

　→特殊塗装のため部分塗装では色合わせが困難であるという特殊事
　　情があった事例

3　代理人としての留意点

　全塗装費用についての賠償請求が認められるか否かという問題は、
結局のところ修理の相当性の問題に尽きるものと考えられます。した
がって、裁判例の傾向を踏まえた上で、相当な修理の範囲としてどの
ような塗装が必要とされるのか、という観点から検討する必要があり
ます。

　この点については、〔事例2〕の裁判例（東京高判平26・1・29自保1913・
148）が参考になるものと考えられます。この裁判例は、結論として、
全塗装を認めなかったものの、当該損傷箇所の周辺部分を塗装すれば
足りるとしたもの（すなわち、当該損傷箇所のみの部分塗装では足り
ないとした。）であり、全塗装か当該損傷箇所のみの部分塗装かという
二項対立的な発想だけで決まるものではないことを示唆する例として
評価することができます。

Q14　改造車が損傷した場合の修理費・車両価格算定

いわゆる改造車が交通事故により損傷したような場合、改造に関する修理費についても賠償を受けることができるのでしょうか。また、損傷車両が修理不能と判断されたような場合、賠償の対象となる車両価格には改造費分も含まれるのでしょうか。

改造車の修理費の算定については、原則として、改造に関する修理費も損害賠償の対象として扱われています。また、改造車の車両価格の算定についても、原則として、ベース車の車両価格にその改造費を含めて算定の基準とするものとされています。

解　説

1　問題の所在

　現在、公道上等を走行している自動車は標準車に限らず、いわゆる改造車も多数走行しています。このような改造車には、個人的な嗜好からドレスアップを行ったもの、業務上の必要から改造されたタクシー、冷凍車、霊柩車等多種多様なものがあります。

　もともと多額の費用を掛けて改造が施されていたような車両が交通事故により損傷した場合には、このような改造箇所についても改造費と同様に多額の修理費を要することが多いことから、損害賠償の対象となる修理費額をめぐり、争いが生じることがあります。

　また、高額な改造費が掛けられた車両については、その改造により

標準車よりも車両価値が上昇しているものと考えられることから、このような価値上昇を車両価格の算定という局面においてどのように評価するのかということも問題となります。

2　改造車の修理費の算定

　蛭川明彦裁判官の「改造車における修理費用及び車両価格の算定」という講演録（赤い本2005年（平成17年）版下巻153頁）では、改造車（メーカーが販売している標準車をベースとして、何らかの装備ないし装飾等について改造を施している車）の修理費について、自動車に高額の設備・装備を付加するのは基本的に所有者の自由であること等の理由から、原則として、改造に関する修理費は、民法416条の「通常生ずべき損害」として事故との間の相当因果関係を認めるべきであるとした上で、例外として、改造が①法に抵触する場合や②改造内容に照らして殊更に損害を拡大するような場合には、過失相殺の法理により減額ないし免責を行うのが相当であろうとしています。

3　改造車の車両価格の算定

　上記講演録では、改造車（メーカーが販売している標準車をベースとして、何らかの装備ないし装飾等について改造を施している車）の価格算定について、やはり所有者の改造の自由等を考慮して、原則として、ベース車の車両価格にその改造費を含めて算定の基準とするとしつつ、例外として、改造が①法に抵触する場合や②改造車の交換価値を増価させない場合やかえって交換価値を減価させる場合にはベース車の車両価格のみを算定基準とし、場合によってはベース車の価格を減額するという方法を提案しています。

　ただ、多くの裁判例では、改造車が交通事故により損傷を受けた時

点ではその取得時や改造時からある程度の期間が経過している等の事情から、上記算定基準額から減額した金額を車両価格としています。

このような車両価格算定の方法について、上記講演録では、いわゆる市場価格方式の採用が困難である場合には、最高裁昭和49年4月15日判決（民集28・3・385）の判示する「特段の事情」に該当するものとして、減価償却の方法により算定すべきであるとしています。

この点に関し、東京地裁平成29年10月3日判決（交民50・5・1220）も、まず、「いわゆる中古車が損傷を受けた場合、当該自動車の事故当時における取引価格は、原則として、これと同一の車種・年式・型・同程度の使用状態・走行距離等の自動車を中古車市場において取得しうるに要する価格によって定めるべきであり、右価格を課税又は企業会計上の減価償却の方法である定率法又は定額法によって定めることは、加害者又は被害者がこれによることに異議がない等特段の事情がない限り、許されないというべきである」として上記最高裁判決の内容を確認しつつ（ただし、上記最高裁判決が特段の事情として例示したケースは、正確には「加害者及び被害者」が減価償却の方法によることに異議がない場合です。）、「改造車については、同一の車種・年式・型・同程度の使用状態・走行距離等の自動車を中古車市場において取得しうるに要する価格によって定めるのは困難であることから、上記特段の事情がある場合に該当する」として、改造車の時価額について「改造の内容に応じて、その価格の減価状態を考慮し、課税又は企業会計上の減価償却の方法である定率法又は定額法によって定めるのが相当であると解する」としています。

| Q&A編 | 第3章　各　論 | 67 |

| コラム | 色むらの立証 |

　交通事故により損傷した車両について修理がなされた場合に、その所有者等が修理箇所とそれ以外の箇所との間に色むらが生じたとして、改めて車両全体について塗装を行うための費用の賠償を請求することがあります。

　また、近時、車両所有者が特殊なコーティングを施していた車両が損傷した場合、所有者等がその修理箇所のコーティングが剥がれたと主張して、車両全体の再コーティング費用の賠償を請求するケースもあります。

　しかし、車両所有者本人は色むらの存在を主張するにもかかわらず、本人以外の者にとってはその色むらの存在を視認することが困難であることも少なくありません。筆者が経験したケースでも、相手方たる原告が修理後も色むらが残存していることを理由として再塗装費用の賠償を請求し、尋問期日に原告本人に当該車両を裁判所に持ってきてもらい、担当裁判官と共に車両の状態を肉眼で確認したというものがありました。その際、原告本人は熱心に色むらの存在を担当裁判官にアピールしていたものの、裁判官は首を傾げており、原告代理人でさえも色むらを識別できなかったのか困惑した様子であったことが印象に残っています。

　このようなケースもあることから、弁護士等が色むらの解消のための塗装費用の賠償請求の依頼を受けた場合には、まず、実際に訴訟提起等を行う前に、当該車両の状態をその肉眼で確認しておくことが無難でしょう。

　色むらの立証方法については、車両を撮影した写真を証拠として提

出することが考えられます。ただ、色むらについては、単純に撮影しただけでは写真上判別し難いものも少なくはないため、写真撮影の際には光源の種類、車両と光源との位置関係、光量等について工夫を要する場合がります。

この他に、検証手続を利用する方法、進行協議期日等において担当裁判官に車両の状態を事実上確認してもらうという方法もあります。ただ、屋外で車両の状態を確認するという場合には、天候、時間帯いかんによっては色むらの存在を視認しにくい事態も生じ得ることに注意する必要があります。

第2　経済的全損等

Q15　全損と分損

全損、分損とはどのようなものなのでしょうか。全損と分損を区分する意義は何でしょうか。

全損とは事故車両が物理的又は経済的に修理不能になった状態を、分損とは全損以外の状態を意味します。全損は、物理的全損と経済的全損に区分されます。基本的に、全損のときには買替差額が、分損のときには修理費が賠償の対象として認められることになります。

解　説

1　全　損

　全損とは、事故車両が物理的又は経済的に修理不能になった場合を指します。この全損は、物理的全損と経済的全損に区分されています。

　このうち、物理的全損は、物理的に当該車両を修理することが不可能な場合をいいます。

　これに対し、経済的全損は、修理が可能であっても当該車両の修理費が事故時の車両価格及び買替諸費用の合計を上回る場合をいいます（森冨義明＝村主隆行編『裁判実務シリーズ9　交通関係訴訟の実務』430頁（商事法務、2016））。

実務では、損傷車両が全損状態であると認められるときには、いわゆる買替差額（事故発生時における車両の時価と、事故車両を売却したときの代金の差額）の賠償が認められるものとされています。

2　分　損

分損は、全損以外の場合のことですが、要するに当該車両が物理的にも社会通念上も修理可能であり、かつ修理費が車両価格及び買替諸費用の合計を上回らない場合ということです。

実務上、損傷車両が分損状態であると認められる場合には、基本的に、買替差額ではなく、修理費の賠償が認められるものとされています。

ただし、最高裁昭和49年4月15日判決（民集28・3・385）は、事故車両が全損状態となったとき以外にも、「車体の本質的構造部分に重大な損傷が生じたことが客観的に認められ、被害車両を買い替えることが社会通念上相当と認められるとき」には全損の場合と同様に、買替差額の請求が認められる旨判示しています。

3　全損・分損を区分する意義

上記のとおり、基本的には、全損の場合には買替差額が、分損の場合には修理費が損害賠償の対象となります。

この全損・分損該当性については、実務では、事故発生時において既に新車登録時から長期間経過している車両の賠償をめぐる交渉、訴訟で顕在化することが多くあります。

具体的には、このような車両の所有者等が当該車両が分損状態であることを前提として車両修理費の賠償を請求し、加害者側は当該車両は経済的全損状態にあるとして賠償額は買替差額の限度に限られると

主張するというケースが典型的なものです。このような争いが生じる原因は、新車登録時から長期間経過した車両の時価は新車時の販売額と比較して大幅に低下していることから、買替差額の賠償額は修理費賠償額を下回ることが多いということにあります（特に、車両所有者等が当該車両を修理して使用する場合に買替差額の限度での賠償しか認められないとすると、所有者等には修理費と買替差額との差額の分の不利益が生じることになります。）。

　このようなケースでは、分損か（経済的）全損かを判断するに当たり事故発生時の車両価格の認定が重要となります。この時価の認定に関する問題は、Q16・Q17をご参照ください。

Q16　経済的全損

　先日衝突事故により損傷した車両について相手方保険会社に修理見積書を送付したところ、相手方保険会社の担当者から経済的全損だから修理費全額の賠償はできないとの説明を受けました。この経済的全損とはどのようなものなのでしょうか。

　経済的全損とは、修理費が事故当時の車両価格及び買替諸費用の合計額を上回る場合を意味します。被害車両が経済的全損に当たる場合、基本的には、いわゆる買替差額及び買替諸費用の賠償が認められることになります。

解　説

1　経済的全損

　最高裁昭和49年4月15日判決（民集28・3・385）は、交通事故により損傷した車両の所有者がいわゆる買替差額を請求し得る場合の一つとして、被害車両が事故によって経済的に修理不能と認められる状態となったときを挙げています。このような状態が経済的全損と呼ばれるものです。

2　経済的全損該当性の判断

　この経済的全損とは、現在の実務では、修理費が、「事故当時の車両価格」及び「買替諸費用」の合計額を上回る場合を意味するものとされています。

この修理費との比較の対象となる「買替諸費用」については、裁判例では、新車購入に要する費用ではなく、被害車両と同種同等の車両を取得するのに要する費用とされています（名古屋地判平21・2・13交民42・1・148、東京高判平23・12・21自保1868・166、東京地判平28・6・17交民49・3・750）。

3 事故当時の車両価格の算定

修理費との比較対象となる「事故当時の車両価格」について、上記最高裁昭和49年4月15日判決は、「いわゆる中古車が損傷を受けた場合、当該自動車の事故当時における取引価格は、原則として、これと同一の車種・年式・型、同程度の使用状態・走行距離等の自動車を中古車市場において取得しうるに要する価額によって定めるべき」であるとしています。

この「事故当時の車両価格」認定の際の参考資料について、司法研修所編『簡易裁判所における交通損害賠償訴訟事件の審理・判決に関する研究』13頁（法曹会、2016）では、事故当時の車両価格の認定資料として、①有限会社オートガイド発行の「自動車価格月報」（レッドブック）、②一般財団法人日本自動車査定協会発行の「中古車価格ガイドブック」（イエローブック、シルバーブック）、③全国技術アジャスター協会発行の「建設車両・特殊車両標準価格表」、④インターネット上の中古車価格情報が例示されています。

上記資料のうち、実務では、①レッドブックが参考とされることが多いものとされていますが、このレッドブックの価格掲載期間は10年程度であり、掲載車両には限りがあります。

そのため、レッドブックに掲載されていない古い車両の価格算定が問題となる事例では、近時、④インターネット上の中古車価格情報が

訴訟において証拠として提出されることが目立ちます。

ただ、このような情報は販売店の販売希望価格であって実際の取引価格ではないことも多いということについては、注意が必要です。

なお、新しい車両、納車直後の車両、古い車両の算定に関する文献としては、磯邉裕子「車両損害をめぐる諸問題（上）―車両損害の評価を中心として」判タ1392号20頁（2013）があります。

4　経済的全損事例における損害賠償の対象

被害車両が経済的全損に該当する場合には、被害者は買替差額、買替諸費用の賠償を求めることができるものとされています。

この買替差額の詳細については、Q17をご参照ください。

なお、東京地裁平成28年6月17日判決（交民49・3・750）（〔事例3〕参照）は、当該事案の被害車両の経済的全損該当性を否定した上で、あえて、仮に被害車両が経済的全損になっていた場合、修理費から被害車両を売却していれば取得できた金額を控除することが可能か否かという点についての判断を示しています。

この判決では、まず、経済的全損に該当する車両が修理されずに売却された場合には、損害額の算定の際には売却により被害者が取得した売却代金の控除が必要になるということを確認しています。その理由として、上記判決は、事故前の車両価格及び買替諸費用の合計額と売却代金の差額が賠償されれば、被害者は不法行為がなかったときの状態に戻ることができるということを挙げています。

これに対し、経済的全損に該当する車両が売却されずに修理して使用されている場合については、上記判決は、所有者には被害車両を修理せずに売却する義務はないこと等を理由として、売却すれば取得可能な売却代金額を控除することはできないとの判断を示しました。

| コラム | 減価償却改正とその後の裁判例 |

新車登録時から長期間経過した車両が交通事故により損傷した場合、当該損傷車両と同種の車両の事故発生当時の販売価格がレッドブックに掲載されていないことがあります。

最高裁昭和49年4月15日判決（民集28・3・385）は、課税又は企業会計上の減価償却の方法である定率法又は定額法によって定めることは、加害者及び被害者がこれによることに異議がない等の特段の事情がない限り、許されないとしています。

ただ、上記最高裁判決の後でも、修理費賠償請求訴訟において、原告が減価償却の方法による原告車両の時価認定について異議を唱えている場合であっても、裁判所が減価償却の方法により原告車両の時価額を認定することが少なくありませんでした。

典型的には、事故発生時点において既に原告車両が法定耐用年数を経過した状態にあり、レッドブックにも事故発生時の販売価格が掲載されていないような事案において、被告が原告車両の時価額を減価償却の方法に基づき新車価格の10%であるとして原告車両が経済的全損状態にあると主張し、原告が減価償却の方法の採用を争い、経済的全損該当性を否定するといった形で争いになることがありました。

このように原告が時価認定における減価償却の方法の採用について争っていたときであっても、裁判所は減価償却の方法により原告車両の時価額を新車価格の10%と認定することが珍しくありませんでした。

ただ、平成19年度税制改正により、償却可能限度額及び残存価額が廃止された結果、減価償却の方法を基に車両時価額を新車価格の10%

とすることについての法律上の根拠は失われることになりました（法人税法施行令48の2・61）。

しかし、上記改正後もなお、東京地裁平成22年2月25日判決（平21（レ）602・平21（レ）675）、東京地裁平成26年3月12日判決（交民47・2・308）のように、新車価格の10％を時価額として認定したものがあります。

このような裁判例の存在からは、今後も、新車登録時から長期間経過したためレッドブックに掲載されていない車両について、他の適切な資料により事故発生当時の車両時価額が立証できないような場合には、裁判所が車両時価額を新車価格の10％と認定する可能性はいまだあり得るものと考えられます。

Q17　買替差額

買替差額とはどのようなものでしょうか。買替差額の賠償において、どのような点が問題になるのでしょうか。

事故当時の損傷車両の価格と売却代金の差額を買替差額といいます。事故当時の損傷車両の価格はレッドブック等を参照して算出しますが、このような資料により適切に時価を算出できない場合もあるので留意を要します。

解　説

1　買替差額

　最高裁昭和49年4月15日判決（民集28・3・385）は、交通事故により自動車が損傷を被った場合において、被害車両の所有者が、これを売却し、事故当時におけるその価格と売却代金との差額を事故と相当因果関係のある損害として加害者に対して請求し得るのは、被害車両が事故によって、物理的又は経済的に修理不能と認められる状態になったときのほか、フレーム等車体の本質的構造部分に重大な損傷の生じたことが客観的に認められ、被害車両の所有者においてその買替えをすることが社会通念上相当と認められるときを含むものと解すべきであると判示しています。

　この判決がいうところの「事故当時におけるその価格と売却代金との差額」が、いわゆる買替差額と呼ばれるものです。

2 買替差額が損害賠償の対象となる場合

　上記最高裁判決は、被害車両の所有者が買替差額を加害者に対して請求することができる場合として、①被害車両が事故によって物理的に修理不能と認められる状態（いわゆる物理的全損）となったとき、②被害車両が事故によって経済的に修理不能と認められる状態（いわゆる経済的全損）になったとき、及び③車体の本質的構造部分に重大な損傷の生じたことが客観的に認められ、被害車両の所有者においてその買替えをすることが社会通念上相当と認められるときを挙げています。

　上記の①〜③以外の場合には、損傷車両の所有者が事故を理由として車両を実際に買い替えたとしても、買替差額を請求することはできないものとされています（東京地裁民事交通訴訟研究会「東京地裁民事第27部における民事交通訴訟の実務について」別冊判タ38号17頁（2014））。

3 事故当時における損傷車両価格の認定

　上記の定義からは、買替差額の具体的な金額を算定するためには、本来、事故当時における損傷車両の価格と売却代金の金額の認定が必要になります（ただし、この売却代金については、その金額の具体的な主張・立証がない場合には、損傷車両の価格全額の賠償が認められることも少なくないようです。）。

　この事故当時における損傷車両の価格について、上記最高裁判決では、原則として、同一の車種・年式・型、同程度の使用状態・走行距離等の車両を中古車市場において取得するに要する価額によって定めるべきであるとしています（なお、この価額は、交換価値・再調達価格ともいわれています。）。

　この価額の認定について、佐久間邦夫＝八木一洋編『リーガル・プ

ログレッシブ・シリーズ5　交通損害関係訴訟［補訂版］』230頁（青林書院、2013）では、「具体的には、同一の車種・年式・型の車両について、いわゆるレッドブック（「オートガイド自動車価格月報」）の価格を踏まえつつ、さらに、中古車の専門雑誌やインターネット上の中古車販売情報等により、できるだけ事故車両と近い使用状態・走行距離・装備の車両を検索し、その価格を参考にして判断されることになる」としています。

　このレッドブックについて、東京地裁民事交通訴訟研究会・前掲17頁では、買替差額を請求する場合には、事前にその内容を参照した上で、同一ないし近似する車種の記載があれば、該当箇所を証拠書類として提出することが望ましいものとされています。

　また、レッドブック掲載情報の入手方法としては、東京では、東京弁護士会・第二東京弁護士会合同図書館での閲覧という方法があります。また、保険会社の担当者が当事者等の依頼に応じてレッドブック該当箇所の写しを提供するというケースも多く見受けられます。

4　売却代金

　交換価値・再調達価格から控除される売却代金については、いわゆるスクラップ代金も含まれるものとされています（東京地裁民事交通訴訟研究会・前掲17頁等）。

　このスクラップ代金について、森冨義明＝村主隆行編『裁判実務シリーズ9　交通関係訴訟の実務』434頁（商事法務、2016）は、「ここでいうスクラップ代金は、車両を解体した際に鉄くず代金として車両所有者が得た金銭のことであり、車両所有者が解体業者に支払う解体費用ではないことに注意する必要がある」としています。

コラム	買替えをすることが社会通念上相当と認められるとき

　Q17で説明したとおり、最高裁昭和49年4月15日判決（民集28・3・385）は、被害車両の所有者が買替差額を加害者に対して請求することができる場合として、①被害車両が事故によって物理的に修理不能と認められる状態となったとき（いわゆる物理的全損）、②被害車両が事故によって経済的に修理不能と認められる状態になったとき（いわゆる経済的全損）の他に、③被害車両の所有者においてその買替えをすることが社会通念上相当と認められるときを挙げています。

　この③被害車両の所有者においてその買替えをすることが社会通念上相当と認められるときについて、上記判決では、フレーム等車体の本質的構造部分に重大な損傷の生じたことが客観的に認められることを要するものとされています。

　この車体の本質的構造部分について、羽成守＝溝辺克己編『新・青林法律相談5　交通事故の法律相談［新版］』272頁（青林書院、2012）は、フレーム、クロスメンバー、フロントインサイドパネル、ピラー、ダッシュパネル、ルーフパネル、フロアパネル、トランクフロアパネル、エンジン、車軸を例示しています。

　なお、東京地裁民事交通訴訟研究会「東京地裁民事第27部における民事交通訴訟の実務について」別冊判タ38号17頁（2014）は、「物理的全損」について、「車両の基幹部分に重大な損傷が加わり（フレーム等車体の重要な本質的構造部分が事故によって重大な損傷を受けたなど）、修理によって回復不可能な損害が生じた場合」として、「物理的全損」には上記最高裁判決が挙げる①被害車両が事故によって物理的に修理

不能と認められる状態の他に、フレーム等車体の本質的構造部分に重大な損傷が生じた場合、つまり③被害車両の所有者においてその買替えをすることが社会通念上相当と認められるときも含まれるかのような表現を用いています。

確かに、車両が物理的に修理不能な場合と車体の本質的構造部分に重大な損傷が生じた場合は後者に前者が含まれる場合も多く、買替差額が賠償の対象となるという点からも両者を区分する実益もないように思われます。

しかし、上記最高裁判決では、①被害車両が事故によって物理的に修理不能と認められる状態となったときと③被害車両の所有者においてその買替えをすることが社会通念上相当と認められるときが明確に区分されている以上、物理的全損という概念は①に限定して用いることが適切ではないかと思われます。

Q18 買替諸費用

事故車両を買い替えるために要する費用のうち損害賠償の対象として認められる費用にはどのようなものがありますか。

買替車両に関する自動車取得税、消費税、自動車重量税、検査・登録法定費用、車庫証明法定費用については損害賠償の対象として認められています。また、業者に対する報酬部分についても、裁判例では、損害賠償の対象として認められることが多い傾向にあります。

買替車両に関する費用のうち、自動車税及び自賠責保険料については、損害賠償の対象として認められていません。

また、事故車両についての費用のうち、廃車解体費用、残存車検費用については損害賠償の対象として認められますが、自動車重量税の未経過部分や、自動車税、自賠責保険料については損害賠償の対象として認められません。

解　説

1　買替諸費用

買替諸費用とは、車両を購入して使用できる状態にするために要する諸費用を指すものとされています（森冨義明＝村主隆行編『裁判実務シリーズ9　交通事故訴訟の実務』433頁（商事法務、2016））。

この費用は、被害車両が全損と判断される場合等に「損害」とされます。また、Q16記載のとおり、経済的全損に該当するか否かという判断の際には、被害車両の時価とこの費用（被害車両と同種同等の車両を取得するのに要する費用）の合計額が修理費との比較の対象になります。

2　自動車取得者に課される税金・費用

どのような買替諸費用が損害賠償の対象として認められるかは3以下で述べるとして、一般に、自動車取得者に取得時又は取得後に課される税金・費用を一通り挙げると次のとおりです。

(1)　自動車取得税

自動車取得税とは、自動車の取得者に対し、取得価額を基準として課される道府県税です（地方税法113）。これは、令和元年（2019年）9月30日までは課税標準額が50万円未満の場合には課税されないものとされています（地方税法120・附則12の2の3）。なお、自動車取得税は、消費税の10％引上げ（令和元年（2019年）10月1日）に伴って廃止される予定です。

(2)　消費税

消費税とは、商品の販売やサービスの提供に対してかかる税金です。本稿執筆時点では、令和元年（2019年）10月1日以降10％に引き上げられる予定とされています。

(3)　自動車重量税

自動車重量税とは、自動車の重量及び自動車検査証の有効期間に応じて課せられるものです。毎年発生する公租公課ですが、通常は、車両購入時と車検時にまとめて負担します（自動車重量税法4・8・9）。

この自動車重量税については、使用済自動車の再資源化等に関する

法律（以下「自動車リサイクル法」といいます。）に基づき、車両が適正に解体、永久抹消登録されれば還付されるものとされています（租税特別措置法90の15）。

(4) 自動車税（軽自動車税）

自動車税は、毎年4月1日現在時点の自動車検査証上の所有者に課せられる道府県税です。自動車税については未経過分の還付制度があります（地方税法146・442の2）。

(5) 自賠責保険料

自賠責保険料とは、自賠責保険において契約者が支払う保険料です。通常は、車両購入時と車検時にまとめて負担します。自賠責保険料についても、未経過分の還付制度があります。

(6) リサイクル預託金（リサイクル料金）

リサイクル預託金とは、自動車リサイクル法に基づき、自動車購入時に納めるリサイクルのための費用です（自動車リサイクル法73）。

自動車を新車で購入する場合には、購入者は販売店経由で公益財団法人自動車リサイクル促進センターにリサイクル預託金を納めることになります。また、中古車を購入する場合には、中古車販売店等にリサイクル預託金相当額を支払うことになります。

車両所有者が所有車両を売却したり下取りに出したりした場合には、車両所有者はその相手方からリサイクル預託金相当額を受領することになります。

(7) その他

その他の費用としては、検査・登録費用（法定費用の他、販売店等に登録を委託した場合にはその代行費用も発生することになります。）、車庫証明取得費用（法定費用の他、販売店等に届出を委託した場合にはその代行費用も発生することになります。）、納車費用（これ

は、全額、販売業者の報酬です。）、廃車解体費用（法定費用の他、中古車販売店等に廃車を委託した場合にはその代行費用も発生することになります。）等があります。

3 買替車両に関する費用と損害賠償

事故車両について買替えが相当と認められる場合に損害賠償の対象に当たるか否かが問題となる費用としては、①買替車両に関する費用と、②事故車両に関する費用があります。

このうち、①買替車両に関する費用について、東京地裁民事交通訴訟研究会「東京地裁民事第27部における民事交通訴訟の実務について」別冊判タ38号17頁（2014）では、事故との間に相当因果関係がある範囲の費用として、自動車取得税、消費税、自動車重量税、検査・登録法定費用、車庫証明法定費用を列挙しています（ただし、後述するとおり、自動車重量税が損害賠償の対象に含まれるという点については、疑問の余地があります。）。

上記の列挙費用以外の費用のうち、リサイクル預託金については、裁判例の多くはこれを損害賠償の対象として認めています（東京地判平24・3・27自保1873・54、大阪地判平24・6・14自保1883・150等）。

買替車両に関する費用のうち、業者の報酬となる部分（車庫証明取得費用等から法定費用を除いた部分、納車費用）についても、裁判例では、車両購入者は通常諸手続の代行を販売店に依頼しているという実態等を理由として、損害賠償の対象として認める傾向にあります（ただ、この報酬部分の金額が相当性を欠く場合には、相当性を欠く金額は除外されることになるものと考えられます。）。

また、上記のような費用であっても、損害賠償の対象として認めら

れる費用は、被害車両と同程度の車両の取得に要する金額に限られる可能性があるという点にも注意が必要です。

例えば、東京地裁平成15年8月4日判決（交民36・4・1028）は、買替諸費用等とは、被害車両に代えて新車を購入した場合に要する諸費用ではなく、被害車両と同一の車種・年式・型、同程度の使用状態・走行距離等の自動車を中古車市場において取得した場合に要する諸費用等をいうものと判示しています。また、神戸地裁平成25年7月25日判決（交民46・4・1010）も、新車への買替時に要する費用合計額は13万9,782円であると認定した上で、被害車両と同等の中古車相当分として約5割の7万円のみを損害賠償の対象として認めています。

買替車両について要する費用のうち、自動車税、自賠責保険料については、「車両の取得ではなく保持のために必要な費用であり、買換（原文ママ）という行為に伴って生じる費用ではない」（大阪地判平26・1・21交民47・1・68）ことや「未経過分について還付制度があること」（森冨義明＝村主隆行編『裁判実務シリーズ9　交通関係訴訟の実務』433頁（商事法務、2016））等の理由で、損害賠償の対象には当たらないものとされています。

自動車重量税については、上記のとおり、東京地裁民事交通訴訟研究会・前掲17頁では、事故との間に相当因果関係がある範囲に含まれる費用として例示されています。しかし、自動車重量税については、上記のとおり、自動車リサイクル法により、還付制度が設けられています（租税特別措置法90の15）。

このような還付制度の存在から、自動車重量税については、本来、自動車税、自賠責保険料と同様に、損害賠償の対象とはならないものと考えられます。

4　事故車両に関する費用と損害賠償

　また、上記3の②事故車両に関する費用については、廃車解体費用、残存車検費用等があります。

　事故車両の廃車解体費用は、裁判例上、損害賠償の対象として認められています。

　残存車検費用については、近時の裁判例でも、これを損害賠償の対象として認めたもの（さいたま地判平28・7・7交民49・4・840（〔事例7〕参照））と否定したもの（東京地判平27・3・25（平25（ワ）7008・平25（ワ）22744・平25（ワ）22755））があります（なお、一般に車検時に支払うことになる費用には、整備費用のほか、自動車重量税、自賠責保険料も含まれるので、残存車検費用の賠償が争点となる場合には、その残存車検費用が自賠責保険料、自動車重量税を含むものか否かを確認しておくべきでしょう。）。

　自動車重量税の未経過部分については、東京地裁平成26年2月21日判決（平24（ワ）32232）は、平成23年11月11日に発生した交通事故により車両が経済的全損となった事案（自動車リサイクル法施行後の事案）において、「事故車両の自動車重量税の未経過分は、使用済自動車の再資源化等に関する法律により適正に解体され、永久抹消登録すれば、還付されるものである」とした上で、「原告が原告車を廃車にした際に自動車重量税の未経過分の還付を受けたかどうかは明らかではないが、還付を受けることができない合理的な理由も認められないから、自動車重量税の未経過部分は、本件事故と相当因果関係のある損害とは認められない」と判断しています（ただし、神戸地裁平成30年1月11日判決（交民51・1・9）は未利用重量税を損害として認めています。）。

　事故車両についての自動車税、自賠責保険料については、大阪地裁平成26年1月21日判決（交民47・1・68）は、上記3のとおり買替車両の自

動車税、自賠責保険料について損害賠償の対象とはならないとした上で、「なお、買換（原文ママ）先の車両分ではなくて事故車両自体の自動車税及び自賠責保険料を損害とするのであれば、これらは制度上車検期間未経過分につき還付を受けられるものであり、いずれにせよ損害となるものではない」と判示しています（ただし、神戸地裁平成30年1月11日判決（交民51・1・9）は、自賠責保険料について、既納付額と返戻額との差額の一部を損害と認めています。）。

第3 評価損

Q19 評価損

評価損とはどのようなものですか。評価損について賠償を請求する場合の注意点についてはどのようなものがありますか。

評価損とは、事故当時の車両価格と修理後の車両価格との差額をいいます。

評価損は技術上の評価損と取引上の評価損に分けられます。取引上の評価損についての現在の裁判例の傾向は、これも損害賠償の対象となり得ることは認めつつ、その算定方法については修理費の一定割合とする方法を採用するものが多いです。

取引上の評価損の賠償請求権は車両所有者に帰属するものと解されており、所有権留保買主等の非所有者による請求は認められていません。

解 説

1 評価損の意義・種類

評価損とは、事故当時の車両価格と修理後の車両価格との差額をいうものとされています。

この評価損は、技術上の評価損と取引上の評価損に分けられます。

2　技術上の評価損

　技術上の評価損は、車両の修理をしても完全な原状回復ができず、機能や外観に何らかの欠陥が存在していることにより生じた評価損を意味します。

　技術上の評価損については、これが損害賠償の対象となり得ることについて、ほぼ争いはないものといわれています。

　ただし、外観の欠陥については、美観が要求される用途に用いられない車両（貨物運送用のトラック等）には評価損は認められにくいとの指摘があることに注意が必要です。

3　取引上の評価損

(1)　取引上の評価損の意義

　取引上の評価損は、車両の修理をして原状回復され、欠陥が残存していないときでも、中古車市場において価格が低下した場合の評価損を指すものとされています。

(2)　取引上の評価損についての議論状況

　取引上の評価損については、技術上の評価損とは異なり、これが損害賠償の対象となり得るか否かについて争いがあります（その詳細については、影浦直人「評価損をめぐる問題点」赤い本2002年（平成14年）版295頁、磯邉裕子「車両損害をめぐる諸問題（上）－車両損害の評価を中心として」判タ1392号20頁（2013）等を参照してください。）。

　ただ、現在の裁判例では、これを肯定するものがほとんどです。

4　評価損の算定方法

　評価損の算定方法については、現在の裁判例では、修理費用の一定割合とする方法を採用するものが多いといわれています（これ以外の算定方法として、近時用いられたものとしては、民事訴訟法248条に基

づき認定する方法（東京地判平21・10・20自保1819・93）、レッドブックによる事故当時の時価額と事故後の売却額との差額を認定する方法（東京地判平29・11・28自保2014・149）等があります。）。

修理費用の一定割合とする方法を用いた場合における評価損算定の際の考慮要素としては、①車種、②走行距離、③初度登録からの期間、④損傷の部位・程度、⑤修理の程度、⑥事故当時の同型車の時価、⑦一般財団法人日本自動車査定協会の事故減価額証明書における査定等が挙げられています。

このうち、②走行距離、③初度登録からの期間については、影浦・前掲講演録に記載されている裁判例の傾向（外国車又は国産人気車種で初度登録から5年（走行距離で6万km程度）以上、国産車では3年以上（走行距離で4万km程度）を経過すると、評価損が認められにくい）が一応の目安とされています。

また、⑦一般財団法人日本自動車査定協会の事故減価額証明書については、評価損算定の考慮要素の一つとはなり得るものの、この証明書に記載された減価額そのものが判決においてそのまま認定されるとは限らないことに注意が必要です。そのため、事故減価額証明書の取得費用が依頼者負担となることが予想されます。

5　非所有者による評価損賠償請求の可否

評価損の本質は車両の交換価値の低下であり、理論上、所有権に対する侵害と考えられることから、その請求権は車両所有権者に帰属するものと考えられます。

このことからは、評価損賠償請求権は所有権留保売買における買主等の非所有者には帰属せず、非所有者による評価損の賠償請求は認められないということになります（詳細は、〔事例9〕の解説を参照してください。）。

| コラム | 事故減価額証明書に対する評価 |

　車両所有者が訴訟において評価損の賠償を請求する場合、所有者が評価損の立証資料として一般財団法人日本自動車査定協会作成の事故減価額証明書を提出することがあります。

　ただ、事故減価額証明書が証拠として提出されている事案であっても、裁判例では、評価損の発生を認めないものや、評価損の発生自体は認めても評価損の金額は証明書記載額よりも低い額を認めるといったものが目立ちます（磯邉裕子「車両損害をめぐる諸問題（下）－車両損害の評価を中心として」判タ1393号21頁（2013）では、近時評価損が問題となった裁判例をもとに、事故減価額証明書は採用されないことが多いと分析されています。）。

　また、佐久間邦夫＝八木一洋編『リーガル・プログレッシブ・シリーズ5　交通損害関係訴訟［補訂版］』240頁（青林書院、2013）では、評価損算定の際の考慮事情の一つとして、事故減価額証明書の査定額が挙げられていますが、この立場でも、この査定額はあくまでも考慮事情の一つにすぎないので、必ずしも査定額どおりの評価損が認定されるとは限りません（ただし、近時の裁判例であっても、例えば、東京地裁平成25年1月9日判決（自保1892・147）は、証明書記載の減価評価額は被害車両の損傷状況等に照らして相当と認められるとして、証明書記載額（57万4,000円）全額を評価損として認めています。また、名古屋地裁平成28年1月29日判決（交民49・1・115）も、上記協会による減価額（54万9,000円）全額を評価損として認めています。）。

　なお、証明書取得に要した査定料について、事故減価額証明書が証拠として提出されたにもかかわらず裁判所が評価損の発生自体を認め

なかったときでもこの査定料が損害賠償の対象となるか否かという問題について、東京地裁平成28年4月21日判決（平27（レ）1142・平28（レ）69）、東京地裁平成29年1月30日判決（平28（ワ）23194）は消極に解しています（なお、浦和地裁平成2年10月22日判決（交民23・5・1285）は、査定減価額全額を評価損として認めた上で、査定料1万円も損害賠償の対象としています。）。

　このような状況からは、弁護士等が評価損賠償請求の依頼を受け、事故減価額証明書を取得する場合、特に①依頼者が自ら証明書の取得作業を行う場合や②依頼者加入の自動車保険に弁護士費用特約が付されていない等の理由により査定料が依頼者の自費負担となる場合には、証明書取得前に、依頼者に対し、証明書を入手しても必ずしも証明書記載額の評価損を裁判所が認定するとは限らないこと、裁判所が評価損の発生を認めなかった場合には査定料についての賠償を受けられない可能性があること等を説明した上で、その取得について依頼者の了承を得ておくことが無難であると考えられます。

第4　代車料

Q20　代車料の要件

事故の被害に遭い、修理期間中にレンタカーを借りました。どのような場合にレンタカーの料金（代車料）について賠償してもらうことができるのでしょうか。

代車料についての損害賠償請求が認められるためには、①代車の使用、②代車料の支出、③代車の必要性が必要とされています。

解　説

1　代車料が損害賠償の対象とされるための要件

　代車料（代車使用料）とは、車両が損傷して、その修理や買替えのために車両を使用できなかった場合に、有償で他の車両を賃借するのに要した費用のことをいうものとされています（磯邉裕子「車両損害をめぐる諸問題（下）―車両損害の評価を中心として」判タ1393号21頁（2013））。

　この代車料が事故と相当因果関係のある損害と認められるための要件としては、①代車を使用したこと、②代車料を支出したこと、③当該代車を使用する必要性があったこと（代車の必要性）が挙げられています（佐久間邦夫＝八木一洋編『リーガル・プログレッシブ・シリーズ5　交通損害関係訴訟［補訂版］』232頁（青林書院、2013）、東京地裁民事交通訴訟研究会「東京地裁民事第27部における民事交通訴訟の実務について」別冊判タ38号18頁（2014）等）。

　この要件のうち、①代車を使用したことについては、代車料の領収

書が証拠書類として提出されれば、基本的に代車使用の事実が認められるものとされています（佐久間＝八木・前掲232頁）。

なお、被害車両を修理に出さず、代車を現に使用していなくても、近く修理に出すことが予定されており、代車を使用する蓋然性が高い場合には、代車料が損害賠償の対象として認められる余地があり得るとする指摘もあります（藤村和夫ほか編『実務　交通事故訴訟体系(3)損害と保険』560頁（ぎょうせい、2017））。

また、②代車料の支出という要件についても、その立証としては、基本的に代車料の領収書の提出で足りるものと考えられます。

2　代車の必要性

③代車の必要性という要件については、被害車両が営業用車両の場合には、原則としてその存在が認められるものとされています（佐久間＝八木・前掲232頁等）。

これに対し、被害車両が自家用車の場合、代車の必要性については慎重に検討する必要があります。その際、被害車両の使用目的・状況から日常生活に不可欠といえるのか否か、代替交通機関を使用することの可能性・相当性等の事情から総合的に判断されることになります。

なお、代替交通機関の存在により代車の必要性の存在が否定される場合について、梶村太市ほか編『SEIRIN PRACTICE　プラクティス交通事故訴訟』214頁（青林書院、2017）は、公共交通機関の利用料金相当額が損害となり得る旨指摘しています。

3　その他

代車料の賠償を訴訟で請求する際には、上記の要件の他に、使用した代車の車種、使用した代車が相応なものであったこと、代車を使用した期間、代車使用期間が修理・買替え等に要する相当な期間であったことの主張・立証が必要となります。

Q21　代車料の金額等

私が所有するレアな外車が追突事故により壊れたため、保険会社との修理費についての交渉を経た後、その車両を修理工場で修理しました。この修理には、外国から部品を調達するのに手間取ったため、3か月ほどかかりました。この修理期間中、私はレンタカー業者から被害車両と同一の車種の代車を借り、その料金全額を業者に支払いました。この場合、業者に支払った料金の全額について賠償を受けることはできますか。

損害賠償の対象となる代車料の基準額、使用期間は、現実に使用した代車の基準額、使用期間と必ずしも一致しないため、判決等で認められる賠償額が現実支出額を下回る可能性があります。

解　説

1　損害賠償の対象として認められる代車料の範囲

Q20で説明したとおり、代車料についての損害賠償請求が認められるためには、①代車の使用、②代車料の支出、③代車の必要性といった要件を満たす必要があります。

ただ、下記のとおり、損害賠償の対象となる代車料の基準額、使用期間は、現実に使用した代車の基準額、使用期間と必ずしも一致しないため、判決等で認められる賠償額が現実支出額を下回る可能性があります。

2 代車の相当性

損害賠償の対象となる代車料の基準額については、代車が短期間の代替手段であるということから、被害車両と相応の車両についての代車料額で足りるものとされています（東京地裁民事交通訴訟研究会「東京地裁民事第27部における民事交通訴訟の実務について」別冊判タ38号18頁（2014））。

このことから、例えば、高級外車である被害車両と同一車種の代車を実際に使用した場合であっても、裁判例では、国産高級車の代車料を基準額とする傾向にあります（東京地判平7・3・17交民28・2・417、東京地判平8・5・29交民29・3・810等）。ただし、中園浩一郎裁判官は、原状回復という損害賠償理念からは、このような傾向には問題がある旨指摘しています（森冨義明＝村主隆行編『裁判実務シリーズ9 交通関係訴訟の実務』437頁（商事法務、2016））。

3 代車の使用期間

損害賠償の対象となる代車使用期間についても、現実に修理・買替えをするために要した期間全てが賠償の対象として認められるわけではなく、そのうちの修理・買替えに要する相当な期間に限られるものとされています。

修理・買替えそれ自体に要する期間の一般的な目安としては、修理についてはおおむね2週間程度、買替えについてはおおむね1か月程度といわれています（佐久間邦夫＝八木一洋編『リーガル・プログレッシブ・シリーズ5 交通損害関係訴訟［補訂版］』233頁（青林書院、2013））。

ただ、外車が損傷し、その修理部品を外国から取り寄せる必要があったために修理期間が長期化したような場合には、比較的長期間の代車料が損害賠償の対象として認められているようです。

また、相当期間の判断に当たっては、上記の修理・買替えそれ自体に要する期間の他に、交渉期間、検討期間、修理費見積期間等についても考慮する必要があります。

　問題となる幾つかのケースについて検討します。

（1）　加害者が加入する保険会社のアジャスターが被害車両を確認
　　　しに来なかったため、修理に着手できなかった期間

　基本的には、代車使用の相当な期間といえます。しかし、その期間が余りに長期間になる場合（事案にもよりますが、おおむね2週間ないし1か月程度を経過した場合）、自らの判断で修理に着手すべきか否かを検討するべきであり、漫然と待っているにすぎないときには一定期間経過後は代車使用の相当な期間とはいえなくなることに注意を要します。

（2）　加害者加入保険会社との間で、修理方法等について意見が対
　　　立し、修理に着手できなかった期間

　修理方法について被害者側・加害者側で意見が対立することがしばしばあります。このような対立のために修理に着手できなかった期間のうち、ある程度の期間については、交渉期間・検討期間として代車使用の相当な期間といえます。裁判例では、このような場合における交渉期間・検討期間は約15日間とするもの（大阪地判平9・6・27交民30・3・915など）や、約1か月間とするもの（神戸地判平3・6・12交民24・3・670など）があり、事案によって異なります。

　なお、加害者側が誠実に交渉しているのに対し、被害者側が現実離れした主張をしている場合には、修理に着手できなかった期間について相当な期間とは認められない場合もあります（浦和地判平3・10・29交民24・5・1257など）。

(3)　損傷が大きく、修理をするのか、経済的全損として買替えをするのかを検討していた期間

　被害者は被害車両の時価額について詳しく分からない場合が多いと考えられるため、保険会社が被害者に対し、時価額に関する情報を提供したのか否か、提供したとしてその時期がいつだったのか等の事情を総合考慮して、相当な期間を判断することになるものと考えられます。

第5 休車損

Q22 休車損の要件

我が社の営業用車両が交通事故に遭い、修理期間中、その車両を営業に用いることができなくなりました。この営業できなかった期間に本来事故車の稼働により得られるはずだった収入を賠償してもらうことは可能でしょうか。

営業用車両が事故によって修理又は買替えを要することになった場合における修理又は買替えに必要な期間中の営業損失については、休車損として、損害賠償の対象となる可能性があります。この休車損が認められるための要件としては、①事故車を使用する必要性があること、②代車を容易に調達することができないこと、③遊休車が存在しないことがあります。

> 解　説

1　休車損（休車損害）

休車損（休車損害）とは、営業用車両が事故によって修理又は買替えを要することになった場合における修理又は買替えに必要な期間中の営業損失を意味します。

2　休車損が認められるための要件

森剛裁判官の「休車損害の要件及び算定方法」という講演録（赤い本

2004年（平成16年）版472頁）では、休車損が認められる要件として、①事故車を使用する必要性があること、②代車を容易に調達することができないこと、③遊休車が存在しないことが挙げられています。

　このうち、①事故車を使用する必要性があることという要件の必要性について、上記講演録では「被害者として、損傷を受けて事故車を使用することができなくなったものの、そもそも使用しなくてもよい状況にあったというのであれば、損害の発生を認める必要性はない」と説明されています。

　また、②代車を容易に調達することができないことという要件については、タクシー、ハイヤー、営業用貨物自動車といった、いわゆる「緑ナンバー」車両については、許認可の関係から、基本的にこの要件の充足性が認められるものとされています。

　「白ナンバー」車両については、上記講演録では「代車を調達することができないような特殊な車両で営業に用いられているものであれば、休車損害を認められてしかるべきではないかと考えられます」と指摘されています。

　なお、休車損と代車料損害との関係については、休車損は車両を使用することができなかったことにより生じる損害であることから、代車料が損害賠償の対象となる場合には、代車が現実に使用されている以上、休車損の請求は認められないものとされています。

　③遊休車が存在しないことという要件については、Q23で説明します。

Q23 「遊休車が存在しないこと」の要否等

我が社の営業用車両が交通事故に遭い、修理期間中、その車両を営業に用いることができなくなりました。この事故車が配置されていた営業所には余剰車両はありませんでしたが、隣の県の営業所には余剰車両がありました。このような場合でも休車損の賠償請求は認められるのでしょうか。

近時の裁判例は、休車損を認める要件として「遊休車が存在しないこと」を要求するものが多い傾向にあります。隣の県の営業所との距離等の具体的な事情次第では、この要件を充足せず、休車損の賠償請求が認められない可能性もあります。

解説

1 「遊休車が存在しないこと」の要否

休車損が認められるための要件として、「被害者に遊休車が存在しないこと」を要求すべきか否かについては、争いがあります。

ただ、東京地裁民事交通訴訟研究会「東京地裁民事第27部における民事交通訴訟の実務について」別冊判タ38号18頁（2014）では、「予備車両（遊休車）があるときは、休車は発生しないので、代替車両を保有していない事実も主張すべきである」として、「遊休車が存在しないこと」を休車損が認められるための要件として扱っています。

近時の裁判例においても、「遊休車が存在しないこと」を要件とする

ものが多く見受けられます。

例えば、名古屋地裁平成28年2月17日判決（交民49・1・204）（〔事例12〕参照）は、「事業者が他に代替可能な営業用車両（遊休車）を保有しており、それを運用することで利益を上げているのであれば、休車損害は生じない」ものとしています。また、大阪地裁平成21年2月24日判決（自保1815・149）も、「事故によって、特定の営業用車両を使用することができない状態になった場合にも、遊休車等が存在し、現に、これを活用して営業収益を上げることが可能な場合には、被害者においても、信義則上、損害の拡大を防止すべき義務がある。したがって、遊休車等が存在し、これを活用することによって、事故車両を運行していれば得られるであろう利益を確保できた場合には、原則として、上記利益分については、休車損として賠償を求めることはできないというべきである」と判示しています。

2 「遊休車が存在しないこと」についての判断要素

「遊休車が存在しないこと」という要件の充足が認められるか否かについては、①保有車両の実働率、②保有台数と運転手の数との関係、③運転手の勤務体制、④営業所の配置及び配車数、⑤仕事の受注体制等の諸事情を総合考慮した上、被害者が、休車期間中、遊休車を活用することにより休車損の発生を回避し得たか否かを検討することになるものとされています（佐久間邦夫＝八木一洋編『リーガル・プログレッシブ・シリーズ5 交通損害関係訴訟［補訂版］』235頁（青林書院、2013））。

この点に関し、いわゆる乗合バス（路線バス）については、法令上、予備車両の保有が事業許可の条件となっており、この予備車両によって代替することが想定されているため、特段の事情がない限り、「遊休車を保有しないこと」という要件の充足は否定されることになります。

他方、貸切バスやタクシー・ハイヤー、トラック等については、法令上、予備車両の保有が事業許可の条件とはされていないため、遊休車が存在するとは限らないことになります。

また、一見すると、被害者が代替可能車両を有しているように見える場合であっても、①その車両が車検・定期点検中であるとき、②その車両を事故車両が配置されていた営業所に回送するために費用、時間がかかるとき、③運転者の手配が困難であるとき等には休車損の発生が認められる余地があります。

3 「遊休車が存在しないこと」の立証責任

「遊休車が存在しないこと」の立証責任については、休車損が認められるための要件である上、証拠との距離等も踏まえると、被害者側が負担するものとされています（佐久間＝八木・前掲235頁等）。

大阪地裁平成21年2月24日判決（自保1815・149）も、「遊休車等の存在については、加害者側において立証することは事実上不可能であるから、これが存在しなかったことについての立証責任は、被害者側（原告）が負担すると解するのが相当である」と判示しています。

Q24　営業収入減少の要否等

　我が社の営業用車両が交通事故に遭い、修理期間中、その車両を営業に用いることができなくなりました。ただ、社内では事故発生後の営業努力の結果、被害車両の分の売上げをカバーし、営業収入が下がることはありませんでした。
　このような場合でも、事故の相手方に対して休車損の賠償を請求できるのでしょうか。

　休車損の要件として、営業収入の減少を要求するか否かについては、必要説、不要説があります。
　ただ、近時は、たとえ営業収入の減少が認められない場合であっても、その原因次第では休車損の発生が認められるとの見解が目立ちます。

解　説

　休車損が損害賠償の対象として認められるために「事故発生後に被害者に営業収入の減少が発生していること」が必要であるか否かという点について、裁判例でも、必要説に立つものもあれば不要説に立つものもあります。
　ただ、近時は、営業収入は事故車の稼働状況だけではなく、被害者の努力、景況等によっても左右されることから、営業収入の減少が認められない場合であっても、単にそのことのみにとらわれることなく、その原因を探求すべきであるとの見解が目立ちます（佐久間邦夫＝八木

一洋編『リーガル・プログレッシブ・シリーズ5　交通損害関係訴訟［補訂版］』236頁（青林書院、2013）、森剛「休車損害の要件及び算定方法」赤い本2004年（平成16年）版472頁、高橋直己「休車損害」公益財団法人日弁連交通事故相談センター編『交通賠償実務の最前線－公益財団法人日弁連交通事故相談センター設立50周年記念出版－』212頁（ぎょうせい、2017））。

　この点に関し、さいたま地裁平成23年11月18日判決（自保1865・167）は、事故車が固定配置されていた取引先に対する売上高の減少を認めつつ、その減少の原因は景気の影響によるものである疑いが否定できないことを理由に、事故車を用いることができなかったために上記取引先に対する売上げが減少したとは認められないとして、休車損の発生を否定しています。この判決は、売上高の減少が認められた事案を対象とするものですが、この減少の原因を探求した結果、その原因は事故車の運行不可能性とは無関係である疑いがあるとして、休車損の発生を認めなかったものと評価することができます。

　このように近時の見解、裁判例が単に営業収入の減少の有無のみならずその原因にも着目していることからは、交渉段階で既に休車損が争点となっているような場合には、提訴前に、あらかじめ被害者の会計資料、配車資料、会計担当者・配車担当者からの聴取内容等を踏まえて、事故前後の営業収入についての把握・分析を行っておくことが望ましいものと考えられます。

Q&A編　第3章　各論

Q25　休車損の算定方法

　我が社の営業用車両が事故の被害に遭い、修理期間中の営業ができなくなりました。相手方に事故車の休車損を請求する場合、どのように計算すればよいのでしょうか。

　休車損の算定については、一般的に
（事故車の1日当たりの営業収入 － 経費）× 休車日数
という計算方法が用いられています。

解　説

1　休車損の算定方法

　休車損は、基本的には、事故車によって1日当たり得られるであろう利得額に休車日数を乗じるという方法により算定されています。
　この事故車によって1日当たり得られるであろう利得額の算定については、事故車の1日当たりの営業収入（売上高）から経費を控除し、1日当たりの利得額を立証するという方法が採用されることが大半であるといわれています。
　このように経費控除による利得額を基に休車損を算定する方法を計算式で表すと、
　（事故車の1日当たりの営業収入 － 経費）× 休車日数
となります。
　事故車によって1日当たり得られるであろう利得額については、上記の経費を控除するという方法以外に、利益率又は経費率を基に算定するということも考えられます。

このような利益率、経費率を基に休車損を算定する方法を計算式で表すと、

・利益率を用いる場合

事故車の1日当たりの営業収入 × 利益率 × 休車日数

・経費率を用いる場合

事故車の1日当たりの営業収入 × （1 － 経費率） × 休車日数

となります。

また、東京地裁民事交通訴訟研究会「東京地裁民事第27部における民事交通訴訟の実務について」別冊判タ38号18頁 (2014) では、1日当たりの営業収入の算定方法として、当事者の確定申告等で1日当たりの利得を立証し、これを車両の所有台数で除するという方法も例示されています。

2　事故車の1日当たりの営業収入の認定方法

事故車の1日当たりの営業収入については、事故直前の少なくとも3か月間の実績を基に認定するものとされています（東京地裁民事交通訴訟研究会・前掲18頁、佐久間邦夫＝八木一洋編『リーガル・プログレッシブ・シリーズ5　交通損害関係訴訟［補訂版］』237頁（青林書院、2013）等）（なお、季節によって収入に変動のある車両については、別途の考慮を要するとの指摘があります（中園浩一郎「物的損害に関する諸問題2（その他）」森冨義明＝村主隆行編『裁判実務シリーズ9　交通関係訴訟の実務』441頁（商事法務、2016））。このような車両について、森剛裁判官の「休車損害の要件及び算定方法」という講演録（赤い本2004年（平成16年）版472頁）では、事故前年の1年間の売上高を見た上で適宜修正するという方法が提案されています。また、京都地裁平成12年11月9日判決（自保1406・5）も、事故車両が大型観光バスであった事案について、休車時期の前年同期の稼働実績に基づいて被害車両の事故前の売上げを算定しています。）。

3 営業収入から控除される経費の範囲

　事故車によって1日当たり得られるであろう利得額の算定について、事故車の1日当たりの営業収入から経費を控除するという方法を用いる場合、控除される経費の範囲が問題となります。

　上記講演録では、経費を変動経費と固定経費に分類した上で、控除の対象となる経費は変動経費に限られるものとされています。現在の実務もこのような立場に基づき、変動経費のみを控除の対象としています。

　この変動経費について、上記講演録では、「保有する車両の実働率に応じて発生額が比例的に増減する費用」を意味するものとされ、その具体例として①燃料費、②修繕費、③有料道路通行料が例示されています。

　また、固定経費については、「保有する車両の実働率にかかわらず、休車期間における発生額が一定である費用」とされ、具体例として、①車両の減価償却費、②自動車保険料、③駐車場使用料が例示されています。

　人件費については、人件費には変動経費的な部分（乗務手当等）もあれば固定経費的な部分（固定給等）もあることから、前者に限り控除の対象になるものとして扱われています。

4 休車日数

　休車損が認められる期間は、事故車を修理するのに相当な期間、又は、買替えが相当と認められる場合であれば買い替えるのに相当な期間と考えられます。この期間の相当性については、基本的には、代車の使用期間と同様に考えることになるものと思われます。

コラム	休車損の認定資料

1　事業損益明細表・実績報告書

　森剛裁判官の「休車損害の要件及び算定方法」という講演録（赤い本2004年（平成16年）版472頁）では、監督官庁への提出が義務付けられている事業損益明細表、実績報告書について、客観性が担保されていることから、営業収入、経費の算定に当たって有益であると評価されています。

2　事故発生後に被害者が作成した計算書

　休車損賠償請求訴訟において、原告が営業収入、経費の立証資料として、事故発生後に原告が作成した計算書を提出することがあります。ただ、このような計算書について、上記講演録では、基礎となる算定資料や算定方法が明らかではなく、一般的には客観性・正確性に欠けるものと指摘されています。

3　被害者の会計書類

　休車損賠償請求訴訟では、営業収入等の立証資料として、事故発生前後の原告の会計書類が提出されることもよく見受けられます（これについては、原告が自ら提出する場合の他に、交渉段階の時点で被告側の任意保険会社が調査会社に依頼して原告から会計書類のコピーを入手しており、これを被告が訴訟で提出するという場合もあります。）。ただ、特に原告が小規模の企業である場合には、会計書類の記載内容に不備がある、そもそも会計書類が作成されていないといったことがあります。このような場合には、原告には他の立証資料も乏しいことが多く、そのため、訴訟が長期化することがあります。

なお、特に営業収入の減少については、単に会計書類を提出しただけではその原因等が明らかとはならない場合もあります。このような場合には公認会計士等が作成した意見書の追加等も検討する余地があります。

4 統計資料

上記講演録では、国土交通省自動車交通局〔現：自動車局〕編『自動車運送事業経営指標』という統計資料について、一応の参考となるが安易に依拠することは相当ではないとしつつ、他の資料が提出されない場合にはこのような統計資料を用いることもやむを得ないかもしれないとされています。

第6　雑費・車両付属品・積荷損害

Q26　雑費

車両を事故現場から引揚げ業者のもとに移動し、修理をするか廃車にするかを判断するまで保管してもらいました。車両引揚げ費・レッカー代や保管料などは損害として認められるのでしょうか。

裁判例上、車両損害に関わる雑費として、車両引揚げ費・レッカー代や保管料などが損害賠償の対象として認められています。

解　説

1　車両引揚げ費・レッカー代

　裁判例上、車両を事故現場から引き揚げた際に要した引揚げ費用・レッカー代については、必要性・相当性が認められる範囲で、損害賠償の対象となります（東京地判平14・8・30交民35・4・1193、大阪地判平13・12・19交民34・6・1642など）。

2　保管料

（1）　修理か廃車かを判断するために保管している場合

　被害車両を修理するか廃車にするかを判断するために保管した場合、修理か廃車かを判断するのに必要な相当期間の保管料は、損害賠償の対象として認められます（大阪地判平10・2・20交民31・1・243、東京地判平13・5・29交民34・3・659など）。

（2） 事案解明の証拠とするために保管している場合

　相手方が事故態様を争い、無過失を主張しているような場合、事故態様等の事案を解明するために、車両それ自体が証拠の一つになることは否めません。ただ、通常は、車両の破損状態は車両の写真等によって確認することが可能であるため、車両自体が事案解明に不可欠であるような特段の事情がない限り、事故と相当因果関係がある損害とは認められません（東京地判平13・5・29交民34・3・659）。

3　その他の雑費

　上記1、2以外にも、裁判例で損害賠償の対象として認められているものがあります。その一例を示すと、以下のとおりです。

① 修理見積費用等

　被害車両の修理見積費用等は、通常、損害賠償の対象として認められています。大阪地裁平成16年2月13日判決（交民37・1・192）は、加害者側でも被害車両の修理見積書が作成されていたという事案において、このような場合であっても、被害者側で修理見積りをする必要がないということはできないとして、修理見積費用請求を認めています。

　なお、横浜地裁平成29年2月6日判決（交民50・1・130）は、救急車について、その修理のためには詳細な見積書を作成しなければならないとして、45万円という高額な見積料の請求を認めています。

② 廃車費用等

　事故前から近々に廃車される等の予定があるという特段の事情があれば別ですが、事故によって現実に廃車等を余儀なくされたのであれば、廃車費用等も損害賠償の対象となります（大阪地判平16・2・13交民37・1・192、東京地判平13・5・29交民34・3・659など）。

③ 交通事故証明書交付手数料

　被害者側が自費で交通事故証明書を入手した場合、その交付手数料も損害賠償の対象となります（東京地判平14・8・30交民35・4・1193）。

Q27　車両付属品

先日、私が所有する自動車が交通事故に遭い、大破しました。この自動車にはカーナビゲーションシステムが取り付けられていましたが、損害賠償の際にこの点は考慮されるのでしょうか。

カーナビゲーションシステム等の付属品については、車両価格の算定の際、車両本体価格に付属品の価格が評価されていないときには、この付属品の価格が車両本体価格に加算されることになるものと考えられます。ただし、加算される付属品の価格については、購入時から事故発生時までの経過期間等を考慮して減額される可能性があります。

解　説

現在、自動車にはオーディオ機器、ＥＴＣ車載器、カーナビゲーションシステム、ドライブレコーダー等の付属品が取り付けられていることが多数あります。

このような付属品が取り付けられている車両が交通事故により損傷した場合には、その車両価格の算定の際に付属品の存在が評価されるか否か等の問題が生じることがあります。

この点について、東京高裁平成28年11月10日判決（自保1989・184）は、被害車両に高級品のアルミホイールが取り付けられていたという事故

について、加害者（控訴人）が付属機器は自動車に付随して一体と評価されるべきであり車両価格に加算すべきではないと主張したという事案において、「被害車両の事故前の価格を算定するに当たり、当該車両に設置された付属機器の価格が本体価格で評価されていないときは、本体価格に当該付属機器の価格を加えた合計額をもって被害車両の価格とすべきである」とした上で、被害車両の本体価格では高級品の一部しか評価されていないから車両価格の算定に当たっては不足分を車両本体価格に加算すべきであるとしています。

　また、藤村和夫ほか編『実務　交通事故訴訟体系(3)損害と保険』571頁（ぎょうせい、2017）では、「標準装備であれば、当該車種の価格に組み込まれるが、標準装備でない場合には基本的には付属品についての購入価格の賠償を原則としつつ損益相殺に準じて減額を考える」という方法が提案されています。

　近時の裁判例の中でこのような車両付属品の評価が問題となったものとしては、下記のものがあります。

① 　大阪地裁平成26年1月21日判決（交民47・1・68）

　車両購入時から約1年経過した時点で発生した交通事故により車両が全損となったという事案において、車両時価額算定の際に、被害車両購入時に取り付けられたメーカーオプション（タイヤ、セーフティシステム、クリアランスソナー、ムーンルーフ）について、いずれも車両の価値向上に資するオプションで、かつ容易に他の車両に転用が効くものではないことを理由にその価格については車両時価額に加算して計算すべきとした上で、車両本体価格が事故発生時に新品の8割程度の価格になっていたことから、オプション新品価格（32万5,500円）の8割（26万0,400円）を車両価格に加算したもの

② 東京地裁平成28年6月17日判決（交民49・3・750）（〔事例３〕、上記東京高裁平成28年11月10日判決の原審）

高級品のアルミホイール4本等が取り付けられていた車両が事故により損傷したという事案において、事故前の被害車両の価格を算定するに当たっては純正品の価格（4本分：18万0,400円）と高級品の価格（4本分：55万6,000円）との差額を考慮するのが相当であるとしつつ、高級品の価格は新品の価格であるから上記差額をそのまま加算することはできないとして、被害車両の初度登録年月日（平成23年7月19日）や事故発生日（平成26年9月2日）等を考慮して、上記差額の6割（22万5,360円）を車両本体価格に加算したもの

③ 東京地裁平成28年9月13日判決（平27（ワ）30581）

特別な車内装備としてカーナビゲーションシステム、運転席及び助手席のシートが、車外装備としてアルミホイールタイヤ、ＬＥＤバルブ等が搭載されていた車両が経済的全損となったという交通事故につき、原告がカーナビゲーションシステムの移設費用やシート張替等費用の賠償を請求したという事案において、車両価格について車内・車外装備を含めて125万円と算定した上で、カーナビゲーションシステム及びシートは車両損害の算定に当たりその価値を含めて評価されており、被害者は車両損害分の賠償がなされることによって、カーナビゲーションシステム及びシートが搭載されていた被害車両と同価値の車両を入手することが可能になり、その結果、事故による被害を受ける前の経済状態が回復されることになるところ、車両損害の他に、カーナビゲーションシステム移設の費用及びシート張替等の費用を損害として認めた場合、カーナビゲーションシステム及びシートに係る損害を二重に評価し、その賠償によって被害者が二重に利得する結果となることを理由に、移設費用・張替費用については損害とは認められないとしたもの

④ 名古屋地裁平成29年3月29日判決（交民50・2・359）

　交通事故により損傷した車両にタイヤホイール、エアクリーナー、ハードトップ（屋根）、マニホールド、マフラー、スポイラー等の部品やスピードREU（コンピュータシステム）の変更が行われていたという事案において、被害車両はロードレース用の競技車両であり、取付各部品は違法性がないから、取付部品は付加価値として評価するのが相当であるとしつつ、各部品の取付けから事故発生時まで約1年から2年半程度経過しており、一定程度消耗していることが推測されること等を考慮して、取付費用等の合計額の70％を事故と相当因果関係のある損害として認めたもの

⑤ さいたま地裁平成30年1月17日判決（自保2018・38）

　平成23年3月7日発生の交通事故により付属品(セキュリティキット、ブルートゥースハンズフリーユニット、LEDバルブ、カーナビゲーションシステム等)が損傷したという事案において、その購入時期（平成23年2月頃）、使用状況等に照らし、購入金額（合計71万9,240円）のおおむね9割に相当する額（65万円）を損害として認めたもの

Q 28　積荷損害

先日、取引先からの依頼を受けてトラックで商品を運送していたところ、このトラックが追突被害に遭いました。事故後、一見する限りでは積荷に損傷はなかったことから納品しようとしたところ、全商品の納品を拒否され、買取りを余儀なくされました。このとき、納品予定先は、検査には多額の費用を要することを理由として、商品の検査を行うことなく納品を拒否しています。

このような場合に、追突車両の運転者に対して積荷買取額の賠償を求めることはできますか。

近時の裁判例において、賠償の対象となる損害には経済的な価値喪失も含まれることを理由として、被害者による積荷買取額の賠償請求を認めたものがあることからは、事案によっては買取額の賠償が認められる余地があります。

解　説

交通事故が生じた際、その被害車両内にあった携帯電話機、パソコンその他の動産等も破損することがあります。

また、被害車両がトラックである場合には、その積荷が破損することも珍しくありません。

積荷等の損傷について、損害賠償算定基準研究会編『三訂版　注解交通損害賠償算定基準－実務上の争点と理論－（上）損害額算定・損害の塡補編』418頁（ぎょうせい、2002）では、「一般には予見可能性の

Q&A編　第3章　各　論　　119

問題として処理されることになる」とした上で、「一般人の社会通念か
ら、その車両と事故を起こしたときに、積荷等があり、それらに損害
を与えることが予見し得るときは損害賠償義務を免れないこととなろ
う」としています（さらに、損害賠償算定基準研究会・前掲418頁では、
裁判例で損害を認めたものには外見上積荷等の存在がうかがわれるも
のが多いと指摘されています。）。

　また、積載物の損傷による損害については、車両損害と同様に、基
本的にはその修理費又は時価額のうちの低い方が認められるものとさ
れています。

　車両積載物のうち、積荷については、名古屋地裁平成25年12月13日
判決（交民46・6・1582）は、被害者が工場からの依頼により自動車のヘ
ッドライト部品1万6,800個を被害車両に積載して運送中に被害車両が
衝突事故に遭ったことから、工場が全部品の受取りを拒否し、被害者
が工場に上記部品全ての代金等を支払ったという事案において、上記
部品全てが物理的に使用不能になった事実を認めるに足りる証拠はな
いとしつつも、賠償の対象となる損害には経済的な商品価値の喪失も
含まれるとして、被害者が工場に支払った全部品の代金を損害として
認めています（なお、大阪地裁平成20年5月14日判決（交民41・3・593）
も、運送保険契約上の保険金支払事由としての「損害」の意義につい
て、「保険金支払事由としての損害とは、当該貨物が交換価値を喪失し
たことを意味するところ、それは、物理的な損傷による場合のみなら
ず、経済的にみて商品価値を喪失したと評価される状態をも含むもの
と解される」と判示しています。）。

　また、大阪地裁平成28年4月26日判決（自保1979・148）も、カップ麺入
りの段ボール製ケース1,344個が積載されていた貨物自動車が追突さ
れ、被害車両所有者が運送委託業務契約に基づき全積荷を買い取った
という事案において、損害概念についての言及はないものの、全積荷
の買取価格での賠償を認めています。

第7　所有権留保車両

Q29　所有権留保車両と修理費賠償請求

車を代金分割払いで購入し、所有権が売主に留保されています。その車を運転中、事故の被害に遭いました。この場合、加害者に対し、修理費の賠償を請求することはできるのでしょうか。

裁判例の傾向からは、所有権留保特約付車両売買契約の買主も、修理費について損害賠償請求をすることができるものと考えられます。

解説

1　所有権留保の特殊性

　所有権留保特約付車両売買契約の買主は、代金を完済した場合にはその車両の所有権を取得することができますが、代金を完済するまでは、売主、信販会社等が車の所有権を有するものとされています。

　そのため、代金を完済する前に、買主が修理費や買替差額、評価損といった損害を請求することができるのかが問題となります。

　この問題を考えるに当たっては、所有権留保の法的性質が、代金債権を担保する趣旨であるという実質に着目する必要があります（なお、所有権留保の法的性質については最高裁平成21年3月10日判決（民集63・3・385）を参照してください。）。

2 所有権留保特約付売買契約の買主による修理費賠償請求

(1) 車両の修理が実施され、買主が修理費を完済している場合

所有権留保車両について修理が実施され、その修理費を所有権留保特約付売買契約の買主が修理工場等に完済している場合には、買主は加害者に対して修理費の賠償請求が可能であると考えられています（川原田貴弘「物損（所有者でない者からの損害賠償請求）について」赤い本2017年（平成29年）版下巻55頁）。その法的構成としては、民法422条（賠償者の代位）の類推適用として説明されています。

この支払済み修理費の賠償を訴訟により請求する場合には、

① 加害者の過失によって、自らが使用する車両が損傷したこと

② 買主が車両の修理を行い、修理費を支払ったこと

についての主張・立証が必要であるとされています。

(2) 車両が修理未了であり、かつ、修理費が支払われていない場合

所有権留保車両については、車の交換価値を把握しているのは所有者であり、代金完済前は売主等に所有権が留保されていることから、売主等が修理費を請求できるにすぎないものとも考えられます。

しかしながら、所有権留保の法的性質が、代金債権を担保する趣旨であるという実質に着目すると、少なくとも買主は代金完済前であっても、売主等に対し、担保価値を維持する義務を負っているため、車が損傷し、修理が必要な状態になった場合、買主は当該車を修理する義務があると考えられます。

そうすると、買主が車を修理し、かつ、修理費を負担する予定がある場合には、修理義務を負うことになる買主には、具体的に修理費相当額の損害が発生しているということができます。

この点に関し、東京地裁平成26年11月25日判決（交民47・6・1423）も「留保所有権は担保権の性質を有し、所有者は車両の交換価値を把握

するにとどまるから、使用者は、所有者に対する立替金債務の期限の利益を喪失しない限り、所有者による車両の占有、使用権限を排除して自ら車両を占有、使用することができる。使用者はこのような固有の権利を有し、車両が損壊されれば、前記の排他的占有、使用権限が害される上、所有者に対し、車両の修理・保守を行い、担保価値を維持する義務を負っている。したがって、<u>所有権留保車両の損壊は、使用者に対する不法行為に該当し、使用者は加害者に対し、物理的損傷を回復するために必要な修理費相当額の損害賠償を請求することができる。その請求にあたり修理の完了を必要とすべき理由はない</u>」と判示しています（下線は筆者）。

　このように買主が車両の修理を行っておらず、かつ、修理費の支払を行っていない状態で加害者に対して修理費の賠償を請求する場合には、

① 　加害者の過失によって、自らが使用する車両が損傷したこと

② 　当該車両の使用者が所有権留保特約付売買の買主であること

③ 　当該車両の修理費相当額

④ 　自らが当該車両を修理し、かつ、修理費相当額を負担する予定があること

についての主張・立証が必要であるとされています（なお、④の立証について、川原田・前掲55頁では、見積書が証拠として提出されれば、特段の事情がない限り、比較的緩やかにこの要件を認めてもよいとされています。）。

Q&A編　第3章　各　論

Q30　所有権留保車両と買替差額賠償請求

先日、車を代金分割払で購入し、その所有権は売主に留保されています。その車を運転中、事故の被害に遭いました。この車両の修理見積書をとったところ、見積額が車両時価額を大幅に超えることが判明しました。このような場合、相手方に対して車両時価額の賠償を求めることが可能でしょうか。

所有権留保車両が交通事故により物理的全損となった場合については、買主による買替差額賠償請求は認められないものと考えられます。これに対し、所有権留保車両が経済的全損となった場合については、争いがあります。

解　説

1　買替差額賠償請求

　最高裁昭和49年4月15日判決（民集28・3・385）は、交通事故により損傷した車両が物理的又は経済的に修理不能と認められる状態になったとき、事故当時における被害車両の価格と売却代金との差額を損害として請求し得るものと判示しています。

　この物理的に修理不能と認められる状態が物理的全損、経済的に修理不能と認められる状態が経済的全損と呼ばれています（なお、このような「全損」に対し、全損に至らない程度の損傷で、修理が可能で、修理費用・買替諸費用が当該車両の時価の範囲に収まるものは「分損」

と呼ばれ（東京弁護士会親和全期会編『こんなところでつまずかない！交通事故事件の実務用語辞典』157頁（第一法規、2018））、基本的に修理費が賠償の対象となります。）。

2　所有権留保車両が物理的全損となった場合

交通事故等により所有権留保車両が物理的全損となった場合、所有権留保特約付車両売買契約の買主による買替差額賠償請求は認められないものとされています。

その理由について、川原田貴弘裁判官の「物損（所有者でない者からの損害賠償請求）について」という講演録（赤い本2017年（平成29年）版下巻55頁）では、「物理的全損の場合、交換価値が完全に失われたと考えられますので、交換価値を把握する所有者に損害が生じると考えられ、交換価値を把握しない使用者は、所有権留保特約付売買の買主を含め、損害賠償を求めることはできないものと考えられます」と説明されています。

ただし、事故後に車両売買代金が完済された場合には、この完済により買主は、売主等が有する買替差額賠償請求権を代位取得し、これを行使できるものと考えられます。

近時の裁判例でも、東京地裁平成26年7月15日判決（平25（ワ）29271）は、交通事故により所有権留保車両（二輪車）が物理的全損状態となりその運転者も死亡したという事案において、事故後に車両売買代金を一括返済した者（運転者の母親）による車両時価額賠償請求に対し、所有権留保車両の損害に係る一切の損害賠償請求権を代位取得したことを前提として、その請求を認めています。

3 所有権留保車両が経済的全損となった場合

では、所有権留保車両が経済的全損となった場合も、物理的全損の場合と同様に、買主による買替差額賠償請求は認められないのでしょうか。

この点について、川原田・前掲55頁では、「経済的全損の場合、物理的には修理が可能であり、実際に修理がされてそのまま使用が継続されることも多いと思われますので、基本的には分損の場合と同じに考え、①使用者が修理義務を負うこと、②使用者が修理をし、かつ、修理費相当額を負担する予定があることを主張、立証すれば、使用者は、加害者に対し、事故当時の車両価格に相当する額の損害賠償を求めることができると考えられます」とされています。

近時の裁判例でも、横浜地裁平成25年10月17日判決（自保1911・167）は、所有権留保特約付車両売買契約の買主による修理費賠償請求に対し、所有権留保車両が経済的全損状態にあることを認定した上で、車両時価額の賠償を認めています。

また、京都地裁平成26年8月26日判決（自保1934・137）も、所有権留保特約付車両売買契約の買主による修理費賠償請求に対して、所有権留保車両（二輪車）が経済的全損状態にあることを認定した上で、車両時価額の賠償を認めています。

ただ、このように所有権留保特約付車両売買契約における買主による買替差額請求を認める見解に対しては、物理的全損の場合と「区別する根拠があるか疑問である。このような解釈は、実務処理を簡便にする利点はあるとしても、理論的には問題である」との指摘もあります（園高明「物損の請求権者」公益財団法人日弁連交通事故相談センター編『交通賠償実務の最前線－公益財団法人日弁連交通事故相談センター設立50周年記念出版－』217頁（ぎょうせい、2017））。

Q31 所有権留保車両と評価損賠償請求

　新車を代金分割払で購入し、車検証上には売主が所有者と記載されています。ところが、購入してわずか数か月後に交通事故に遭ったため、この車両を修理したところ、修理工場の担当者からこの修理について修復歴が残る旨の説明を受けました。この場合、加害者に対して、修復歴が付いたことによる値下がり分の賠償を請求することはできるのでしょうか。

　所有権留保特約付車両売買契約の代金が完済されていない場合には、売主等と買主との間に評価損賠償請求権の帰属についての合意がない限り、買主による加害者に対する評価損賠償請求は認められません。

解　説

1　車両売買代金が完済されていない場合の評価損賠償請求

　交通事故により、車両を修理しても外観や機能に欠陥が生じた場合、又は修復歴により商品価値の下落が見込まれる場合に評価損の賠償が認められることがあります。

　この評価損の賠償請求権は車両の交換価値を把握している所有者に認められるものであることから、所有権留保車両の場合、代金完済前は売主、信販会社等の留保所有権者に評価損賠償請求権が帰属することになります。したがって、非所有者である買主による加害者への評価損賠償請求は基本的には認められないということになります。

名古屋地裁平成27年12月25日判決（交民48・6・1586）も、原告運転車両が所有権留保車両であった事案において、「原告が主張する評価損は、結局のところ、原告車両の交換価値の侵害であるから、所有権留保の性質につき担保的構成を採った場合においても、その損害が帰属するのは、価値権を把握する留保所有権者であると評価すべきである」との理由により、買主による評価損賠償請求を認めませんでした（〔事例9〕参照。同様の裁判例としては、東京地判平15・3・12交民36・2・313、東京地判平21・12・24自保1821・104があります。）。

ただし、買主・留保所有権者間に、評価損賠償請求権を買主に帰属させるとの明示又は黙示の合意が認められる場合には、買主による評価損の賠償請求も認められるものと解されています（川原田貴弘「物損（所有者でない者からの損害賠償請求）について」赤い本2017年（平成29年）版下巻55頁、園高明「物損の請求権者」公益財団法人日弁連交通事故相談センター編『交通賠償実務の最前線—公益財団法人日弁連交通事故相談センター設立50周年記念出版—』217頁（ぎょうせい、2017））。

2 事故発生後に車両売買代金が完済された場合の評価損賠償請求

問題となるのは、事故発生後に買主が代金を完済した場合です。この場合については、①売主等がまだ加害者から損害賠償の支払を受けていない場合、②売主等が既に加害者から損害賠償の支払を受けている場合に分けて検討する必要があります。

①売主等がまだ加害者から損害賠償の支払を受けていない場合については、日本坂トンネル事故訴訟東京地裁第1審判決（東京地判平2・3・13判タ722・84）が参考になります。

同判決は「買主は、第三者の不法行為により右自動車の支払債務を

免れるわけではなく、また、売買代金を完済するときは右自動車を取得し得るとの期待権を有していたものというべきである。そして、右買主が、第三者の不法行為後において売主に対して売買残代金の支払をし、代金を完済するに至ったときは、本来右期待権がその内容のとおり現実化し、右自動車の所有権を取得し得る立場にあったものである。したがって、民法536条2項後段及び304条の類推適用により、右自動車の所有権の変形物として売主が取得した第三者に対する損害賠償請求権及びこれについての不法行為の日からの民法所定の遅延損害金を当然に取得するものと解するのが相当である」と判示しました（下線は筆者）。

　一方、②売主等が既に加害者から損害賠償の支払を受けている場合には、加害者が売主等に評価損を賠償した上で更に買主にも二重に賠償するいわれはないことから、買主は、賠償を受けた売主等に対し評価損相当額の支払を求めることになります。

　この場合、売主等は、代金を回収しているにもかかわらず、評価損の賠償も受けているのに対し、買主は代金を完済しているにもかかわらず、評価損相当額の不利益を引き受けていることになります。

　そこで、このような場合には、民法536条2項後段の類推適用により、買主は売主等に対し、加害者から受領した評価損相当額の支払を請求することができるものと解されます。このように解すると、買主は売主等の無資力の危険を負うことになりますが、事故当時における車の交換価値の低下という損害を被っているのは売主等であることから、まず保護されるべきは売主等であり、やむを得ないと考えられます。

第8　リース車両

Q32　リース車両とリース契約の種類、修理費賠償請求

リース契約によって借りた車を使用していたところ、事故の被害に遭いました。加害者に対し、修理費の損害について賠償を請求することはできるのでしょうか。

リース契約の約款上、使用者（ユーザー）が修理義務を負うものとされている場合に、ユーザーが修理をし、かつ、修理費を負担する予定であるときは修理費の請求ができます。

【解　説】

1　リース契約の種類

(1)　リース契約の意義、法的性質

リース契約とは、リース会社が、顧客（ユーザー）が希望するリース物件を販売会社（サプライヤー）から購入し、これを顧客に賃貸して、賃貸借期間（リース期間）中に顧客から賃料（リース料）を受領する契約であるとされています（大嶋芳樹ほか『法律相談シリーズ　［新版］交通事故の法律相談』45・46頁（学陽書房、2016））。

また、このリース契約は、法的には動産賃貸借の一種とされています（俣木泰治「オープン・エンド方式のオペレーティング・リース契約を中途解

約した場合、ユーザーが負担する中途解約違約金について」赤い本2015年（平成27年）版下巻43頁）。

(2) リース契約の種類

リース契約は、その内容により、ファイナンス・リース、オペレーティング・リースに区分されています。

このうち、ファイナンス・リースは、期間中の解約が不可能又は事実上できないもので取得価格以外の金利、税金、維持管理費一切をユーザーが負担するというものであり、その実態は売買契約に近いといわれています。

また、オペレーティング・リースは、ファイナンス・リース以外のリースで、残存価格を設定し、これを踏まえて算定されるリース料で期間中ユーザーに使用されるというものです。このオペレーティング・リースでは、リース物件が順次複数のユーザーに利用されることが予定されているという点で、その実態は動産賃貸借契約に近いものといわれています。

オペレーティング・リースは、契約終了時に清算を行うか否かにより、オープンエンド方式（契約終了時に残価予定額と時価査定額の清算を行うもの）とクローズドエンド方式（オープンエンド方式のような清算を行わないもの）に区分されています。

2 修理費賠償請求

リース物件たる車両が交通事故により損傷し、そのユーザーが修理工場等に修理費を支払った場合には、ユーザーによる加害者に対する修理費の賠償請求は認められるものと考えられます。

では、ユーザーが修理費を支払っていない時点では、ユーザーによる加害者への修理費の賠償請求は認められないのでしょうか。

川原田貴弘裁判官は「物損（所有者でない者からの損害賠償請求）について」という講演録（赤い本2017年（平成29年）版下巻55頁）において、「リース契約は、約款で、ユーザーが修理義務を負う旨を規定されていることが多く、その場合、車が損傷し、修理が必要な状態となったときは、ユーザーが車の修理義務を負うことにな」るという点から、「ユーザーが修理をし、かつ、修理費を負担する予定がある場合には、ユーザーには具体的に修理費相当額の損害が生じるといえます」としています。

さらに、上記講演録では、ユーザーによる修理費損害賠償請求が認められるためには、①加害者の過失によって、自らが使用する車両が損傷したこと、②当該車両の使用者がリース契約のユーザーであり、かつ、ユーザーが修理義務を負う旨が約款に定められていること、③当該車両の修理費相当額、④自らが当該車両を修理し、かつ、修理費相当額を負担する予定があることを主張・立証する必要があるものとされています。

この点に関して、大阪地裁平成26年11月4日判決（平25（ワ）3974・平25（ワ）9663）は「①リース契約上車両の修理は使用者である被告会社において行う旨定められており、リース会社が自ら修理することは想定されていなかったこと、②実際に被告会社は一定の範囲で既に修理をして費用を拠出し、未だ修理のなされていない部分についても今後修理予定であること等の事情が認められる。これに加え、実際に修理がなされればリース会社の損害は概ね填補されること、現時点に至るまでリース会社側から修理費用を損害として請求するような動きが見られないこと等を総合すると、車両が毀損した時の修理費用分の損害賠償請求権は使用者である被告会社に帰属すると考えるのが、被告会社とリース会社との間のリース契約の合理的解釈として相当なものと認められる」と判示しています。この裁判例について、川原田裁判官

の上記講演録では、リース契約の合理的解釈、すなわち当事者の合意を根拠として、ユーザーの修理費の請求を認めたものと評価されています。

なお、ユーザーが自ら修理する予定のない場合については、いまだユーザーに具体的な修理費相当額の損害が生じているとはいえないことから、ユーザーによる加害者への修理費賠償請求は認められないということになります。

Q33　リース車両と買替差額賠償請求

　先日、リース契約により引渡しを受けたばかりの車両が事故に遭い、大きく壊れてしまいました。この車両の修理費の見積額について、修理工場からは、車両時価額を超える可能性がある旨の説明を受けています。
　仮に修理費額が車両時価額を超える場合には、この車両時価額についての賠償を請求することはできるでしょうか。

　リース車両が全損状態になった場合の買替差額賠償請求については、所有権留保車両についての買替差額賠償請求と同様に考えることになるものと思われます。

解　説

　リース車両が全損状態になった場合にユーザーによる買替差額賠償請求が認められるか否かについては、所有権留保特約付車両売買契約の買主による買替差額賠償請求が認められるか否かという問題と同様に処理することになるものと考えられます。
　すなわち、リース車両が物理的全損状態となった場合には、車両の交換価値が完全に失われ、この交換価値の喪失という損害は車両所有者に生ずるものと考えられることから、買替差額賠償請求権は車両所有権を有するリース業者に帰属し、ユーザーによる買替差額賠償請求

は認められないことになります（山崎秀尚「リース・割賦販売と損害の範囲」赤い本2000年（平成12年）版279頁、川原田貴弘「物損（所有者でない者からの損害賠償請求）について」赤い本2017年（平成29年）版下巻55頁、園高明「物損の請求権者」公益財団法人日弁連交通事故相談センター編『交通賠償実務の最前線－公益財団法人日弁連交通事故相談センター設立50周年記念出版－』217頁（ぎょうせい、2017））。

　これに対し、リース車両が経済的全損状態となった場合については、所有権留保車両について買主による買替差額賠償請求を認める立場（詳細についてはQ30を参照）からは、同様に、ユーザーによる買替差額賠償請求も認められるという結論になるものと考えられます。

Q34 リース車両と評価損賠償請求

先日、リース契約により引渡しを受けたばかりの車両が事故に遭いました。

この場合、加害者に対して、修理費額に加えて、事故による車両の格落ち分の賠償を請求することもできるのでしょうか。

リース車両のユーザーによる評価損賠償請求については、認められないものと解されています。

解 説

評価損は、修理しても外観や機能に欠陥が生じ、又は事故歴により商品価値の下落が見込まれる場合に賠償が認められるものとされています。つまり、評価損は車の交換価値を把握している所有者に認められるものであることから、リース車両について評価損賠償請求権が発生した場合、この請求権はリース業者に帰属するものと考えられます。その結果、ユーザーによる評価損賠償請求は基本的には認められないことになります（ただし、リース業者・ユーザー間においてユーザーに評価損賠償請求権を帰属させるとの明示又は黙示の合意が成立した場合には、この合意に基づき、ユーザーによる評価損賠償請求も認められることになります。)。

もっとも、ユーザーは評価損の生じている車を利用せざるを得ない不利益を受けることになりますが、このような不利益は当初予定されていた快適さでの走行が困難になったという不利益にすぎず、損害と

して評価することはできないものと考えられます。

このような場合、リース契約のユーザーは、リース契約を中途解約することが考えられます。ただ、多くのリース契約の約款ではユーザーが中途解約を行った場合には違約金が生じるものとされています。では、ユーザーは、中途解約により生じた違約金を加害者に請求することができるのか否かが問題となります。

この点について、神戸地裁平成4年8月21日判決（交民25・4・954）は、違約金は通常予見し得ない損害であるとして、事故との間の相当因果関係を否定しています。もっとも、車のリース契約は珍しいことではなく、目的も様々であることから、予測され得る用途において、使用継続が困難であることが通常であるといえる事情があれば、通常損害として損害賠償を認め得るとの指摘もされているところです。

なお、リース期間満了後に、ユーザーが事故車を買い取った場合、一般的にはその購入代金は価値低下分だけ安くされることが多いと考えられるため、ユーザーは加害者に対し、評価損を請求することはできないと考えられます。

Q＆A編　第3章　各　論

第9　建物損壊・ペット損害等

Q35　物損事故と慰謝料

先日、自宅で就寝中、トラックが自宅に衝突し、寝室の壁に大きな穴が空いてしまいました。幸いにも私の家族は誰もこの事故で怪我をしませんでしたが、私は今でもこの事故のことが忘れられず、夜眠れない状態が続いています。このような場合に、トラックの運転者に対し、慰謝料を請求することはできるのでしょうか。

物損を理由とする慰謝料は、原則として認められていません。ただ、建物が損壊したような場合には、例外的に慰謝料が認められることがあります。

解　説

1　物損を理由とする慰謝料

　物損を理由とする慰謝料は、原則として認められていません。なぜなら、物損事故の場合、被侵害利益が財産権である以上、損害も財産的損害に限られ、財産上の損害が賠償されることにより同時に精神的苦痛も慰謝されることになると考えられるからです。
　しかし、交通事故によって物損が生じた場合でも慰謝料が認められることもあります。ペットが死亡した場合がその典型ですが（ペットに関する問題の詳細はQ38を参照してください。）、自動車が建物に衝突して建物が損壊した場合等も慰謝料が認められることがあります。

2 物損を理由とする慰謝料が例外的に認められる場合

物損を理由とする慰謝料が例外的に認められる場合として、以下の場合が挙げられています（浅岡千香子「物損に関連する慰謝料」赤い本2008年（平成20年）版下巻47頁以下）。

① 被害物件が被害者にとって特別の主観的・精神的価値を有する場合

② 被害物件の損傷に伴い、生活の平穏を害され、又は不便な生活を強いられるなどの不利益を受けるといった人格的利益が侵害された場合

③ 事故態様が極めて悪質など、加害者側に悪質な事情がある場合

このうち、①の類型として、自動車事故によって墓石が損壊した場合に10万円の慰謝料を認めた例がありますが（大阪地判平12・10・12自保1406・4）、かなり特殊なケースといえます。また、③の類型は、人損の場合の慰謝料増額事由としての加害者側の事情と同様に考えれば、単に加害者側の一方的過失のみで慰謝料が認められることは少なく、むしろ被害者側に落ち度がない等を考慮して総合的に判断されることになるでしょう（浅岡・前掲49頁）。そうだとすると、建物損壊事例では、②に挙げた要素を検討して慰謝料請求の可否を判断することになると思われます。

3 建物損壊事例で慰謝料が認められた裁判例

建物損壊事例で慰謝料が認められた裁判例としては、店舗兼住宅に自動車が突入した事案で、まかり間違えば人命に対する危険も生じた上、家庭の平穏が侵害されたとして、30万円の慰謝料を認めた裁判例があります（大阪地判平元・4・14交民22・2・476）。また、深夜に大型トラックが民家に激突した事案で、50万円の慰謝料を認めた裁判例もあり

ます（岡山地判平8・9・19交民29・5・1405）。

　もっとも、このような場合は、物損に対する慰謝料というよりも、生活利益、人格的利益等の財産権以外の利益を被侵害利益としてみているということもでき、物損それ自体を理由に慰謝料が認められるのは、かなり例外的なケースといわざるを得ないかもしれません。

　このように生活利益、人格的利益等が被侵害利益と扱われ得ることからは、建物損壊事例で慰謝料請求を行う際には、事故発生時の状況（事故態様、損壊箇所、建物の用途、新築時から事故発生時までの経過年数、建物損壊の程度、事故発生時に慰謝料請求者が損壊建物内にいたか否か、建物損壊を認識した際の精神的衝撃の程度等）、事故発生後の状況（損壊による不便の程度、修繕に要した期間、損壊後の片付けに要した労力等）の主張・立証が求められることになるものと考えられます。

Q36 建物損壊と修理費

先日、私の自宅に自動車が突っ込み、玄関、壁等が壊れました。このような場合、自動車の運転者等に対して修理費全額の賠償を請求できるでしょうか。

建物を修理するとその耐用年数が延長され価値が上がることから、修理費の全額の賠償が認められるかが問題となります。

解　説

1　修理費賠償請求と経済的全損

　不法行為によって物が毀損した場合の修理費は、当該不法行為と相当因果関係のある損害に当たり、賠償の対象となります。ところが、交通事故で車両が損傷した場合、車両の修理費が当該車両の現在価値を上回る場合には、賠償者は車両の現在価値の価額を賠償すれば足りると考えられており、このような場合を「経済的全損」といいます（Q16参照）。

　同様の問題は、建物損壊の場合にも生じます。すなわち、建物の修理に当たって高額な修理費が掛かる場合には、被害者が請求できるのは当該建物の時価評価額（これは固定資産税評価額を基に近隣相場等を参考にしながら決められます。）の限度にとどまると考えることも可能です。

　もっとも、建物損壊の場合は車両損傷の場合と異なり、市場において被害物件と同等の物を入手するということは不可能であると考えら

れます。そのため、建物損壊の場合には経済的全損の考え方が確立しているとまではいえず、修理により被害者が不当利得を得たような場合であれば格別、相当な範囲の修理を施しただけの場合は修理費を損害として認定することが多いといえます（東京地判平7・12・19交民28・6・1779）。

2　新旧交換差益の考慮

　建物損壊の特殊性として、中古建物を修理したことで当該建物の耐用年数が延長されるなど、その価値が増加し、結果的に被害者が利益を得ることがあります。そのような利益を新旧交換差益といいますが、損害を算定する際に新旧交換差益を考慮する必要があるかが問題となります。

　損害算定に当たり新旧交換差益を差し引くかどうかは、裁判例によって異なりますが、修理によって耐用年数の延長が明らかに認められる場合には新旧交換差益の考慮を肯定することが多いようです。

　例えば、築26年の店舗兼住宅が自動車事故で損壊した事例で、修理により耐用年数が10年延長されたとみることができるので、修理見積額235万円余りのうち1年当たりの減価率1.9％×10年＝19％は不当利得となるから、この部分の損益相殺を認めた裁判例があります（名古屋地判昭63・3・16交民21・2・293）。また、住居の玄関部分に普通乗用車が突っ込んだ事故につき、破損した玄関アルミサッシ引き戸とともに損壊を免れた部分の引き戸も、玄関の外観上破損した部分のアルミサッシ引き戸と同様の引き戸に交換する必要が生じたとして、アルミサッシ代金及び工事費用67万円余りから、新旧交換差益として10％を控除した額を損害として認めた事例もあります（大阪地判平15・7・30交民36・4・1008）。

Q37　建物損壊と営業損害等

　先日、私が経営する飲食店にトラックが飛び込み、そのため入口ドア、壁等が壊れてしまいました。この店舗の修繕のために1か月ほど店を閉めたため、この修繕期間中は売上げがありませんでした。

　このような場合、トラック運転者に対して店舗修繕費の他に、本来修繕期間中に得られたはずの収入も請求することはできますか。

　自動車による衝突により店舗用建物が損壊し、その修繕のために営業ができなかったような場合には、営業損害の賠償が認められることがあります。

解　説

1　営業損害

　自動車が店舗等の建物に衝突したことで当該店舗等が損壊したためその修理中の間に営業の休止を余儀なくされたような場合には、その営業休止期間の損害が賠償の対象として認められることがあります（なお、損害賠償算定基準研究会編『三訂版　注解　交通損害賠償算定基準－実務上の争点と理論－（上）損害額算定・損害の塡補編』416頁（ぎょうせい、2002）では、「店舗等に車が飛び込んだような場合に、修理期間中、営業を休止しなければならなかった際の損害についても、原則として損害と認められる」としつつ、「ただし、損害額については、その妥当な営業休止期間とともにかなり厳格な立証が求められる」と指摘しています。）。

Q&A編 第3章 各 論 143

　このような営業損害を認めた裁判例としては、以下のものがあります。

①　他車と衝突した自動車が飲食店店舗に突入し、店舗が破損したことで営業ができなくなった場合に、事故前3か月の売上げから算出した1か月分の平均売上げ173万円余りから原材料の仕入原価や光熱費等の必要経費を差し引けば、所得率39.6％に相当する利益があったとして、7日間の休業期間につき合計16万円余りを損害と認めたもの（大阪地判昭59・3・15交民17・2・391）

②　ペットショップ店舗に自動車が突っ込んだという事案における基礎収入額の算定について、季節による売上変動を考慮して事故前年同時期の実績値に基づき算定するのが相当であるとしつつ、さらに事故発生年に売上げが減少傾向にあったことを指摘して減額修正を行ったもの（東京地判平23・11・25交民44・6・1448）

③　開店直前の不動産業の店舗に自動車が衝突したものの事故後も若干の売上げをあげていたという事案において、想定された売上額と現実の売上額との差額を営業損害として認定したもの（横浜地判平24・7・30自保1882・164）

④　不動産仲介業者の店舗に自動車が飛び込んだという事案において、不動産仲介業者は製造業者とは異なり営業活動が売上げに直結しているわけではないこと、営業活動の成果が入金となって得られるまでには一定の期間を要すること等を理由として、民事訴訟法248条を適用して休業損害を認定したもの（名古屋地判平26・2・5交民47・1・254）

　なお、この営業損害の賠償が認められる事例は建物（不動産）の損壊に限られず、洗車機（大阪地判平11・7・7交民32・4・1091）、駐車場の料金精算機（東京地判平29・1・18交民50・1・19）等の動産の損壊による営業損害の発生も認められています。

2 什器・商品等

　自動車が店舗内まで入り込んだような場合には、店舗内の什器や商品も損傷することがあります。

　このうち、什器の損傷については、事故発生時において既に購入時から相当の年月が経過していること、特に中小企業については什器管理が厳格ではないこと等の理由から、什器損害の立証について十分な立証が不可能であることも少なくありません。

　裁判例では、什器の存在や損傷等について客観的な裏付け証拠がないことを指摘しつつも、事故態様、建物の損傷状況から什器に損傷が生じたと認め得る場合には、民事訴訟法248条により相当額の損害を認定したものがあります（横浜地判平26・2・17交民47・1・268）（なお、名古屋地裁平成29年6月16日判決（交民50・3・750）は、備品損害について「民事訴訟法248条の趣旨に鑑み」、原告主張額の30％相当額をその損害額として認めています。）。

　商品の損傷については、岡山地裁平成14年9月6日判決（交民35・5・1214）は、紳士服量販店に自動車が飛び込み、礼服、ジャケット、スラックスといった商品が被害を受けたという事案において、各商品についての得べかりし利益の額について、販売価格に粗利益率を乗じた額に仕入原価を加え戻したものに販売率を乗じたものとして商品損害額を算定しています。

3 営業再開のための費用

　東京地裁平成23年11月25日判決（交民44・6・1448）では、ペットショップ店舗に自動車が突っ込んだという事案において、店舗改修費用等に加えて、リニューアルオープンのための営業再開案内のハガキやチラシ配布の集客活動費用34万円余りも損害と認められています。

4 その他

(1) 慰謝料

物損を理由とする慰謝料請求は原則として認められないものと扱われていますが、夜間就寝中にトラックが衝突して自宅が損壊した場合等には、慰謝料が認められることがあるものとされています。この点についての詳細は、Q35をご参照ください。

(2) 仮住居への移転費用

居住用建物が事故により損壊し、その修理期間中に居住者が一時的に仮の住居を賃借したような場合には、家屋等の修理の際の仮住居への移転費用も相当な範囲で損害と認められるものとされています（藤村和夫ほか編『実務 交通事故訴訟大系(3)損害と保険』612頁（ぎょうせい、2017))。

神戸地裁平成13年6月22日判決（交民34・3・772）も、車両の衝突により家屋が損壊したため、原告らが家屋の補修が完了するまで一時的にアパートを賃借したという事案において、賃借アパートの家賃・仲介手数料・退去時修理費、賃借アパート居住中の駐車料金を損害賠償の対象として認めています。

(3) 評価損

大阪地裁平成27年8月27日判決（交民48・4・1011）は、販売中の新築建物が車両の衝突により損壊したという事案（算定修理費額637万8,000円）において、被害建物について修理工事によって安全面や機能の点では特に問題がなくなったとみられるとしつつ、「大規模な修理が必要な損傷を受けたということは不動産の評価に当たり考慮されるべきであるし、心理的な要因からもその不動産としての価値は低下したといわざるを得ない」として、270万円の限度で評価損を認めています。

Q38　ペット損害

交通事故案件のペットについての損害にはどのようなものがあるのでしょうか。

ペット（愛玩動物）についての損害は物的損害に区分されていますが、ペットは生命を持ち、愛玩動物として家族の一員であるかのように扱われていることから、時価相当額以上の治療費や飼い主の慰謝料が認められる場合があるという特殊性があります。

解　説

1　ペットについての損害

　動物は、法律上は「物」扱いですので、ペット（愛玩動物）についての損害も自動車の損傷と同様に物的損害（財産権の侵害に係る損害）となります。

　ですが、ペットは自動車とは異なり、生命を持つ存在であり、また、飼い主にとっては愛玩の対象として、家族の一員であるかのように扱われていることから、ペットの死傷については自動車の損傷とは異なる損害の賠償請求が認められる場合があります。

2　損害の具体例

(1)　ペットの死亡自体による損害

　交通事故によりペットが死亡した場合の死亡自体による損害につい

ては、当該ペットの死亡時における客観的価値によるべきであるとされています。

　この客観的価値については、通常は、ペットの購入価格や年齢などを考慮して判断されています。具体的には、購入価格を平均寿命で割り、平均寿命から死亡時の年齢を差し引いた年数を掛けることで求めることが一般的です。無料で譲り受けたり、拾ってきたりしたペットであっても、裁判所は、ペットの種類や年齢を踏まえて、損害額を認定しています。

　特殊なケースとして、死亡したペットがブリーディングに用いられる犬や猫であった場合には、このような犬や猫から交配料という経済的利益が生じる場合があることから、死亡時の市場価格が購入価格よりも高額となる場合もあります。また、品評会等での入賞実績がペットの客観的価値に影響を与えることもあります。

　いわゆる盲導犬について、その社会的価値を評価し、当該社会的価値のある能力を身に付けるために要した費用、すなわち、当該盲導犬の育成に要した費用を基礎に算定した裁判例もあります（〔事例19〕参照）。

（2）　ペットの治療費

　一般的に、不法行為により物が毀損した場合の修理費等については、そのうちの不法行為時における当該物の時価相当額（及び買替諸費用）に限り、これを不法行為との間に相当因果関係のある損害とすべきとされています。

　しかし、ペットのうち家族の一員であるかのように扱われているものについては、生命を持つ動物の性質上、交通事故と相当因果関係が認められる損害を当該ペットの時価相当額に限られるとするのではなく、そのペットの当面の治療や、その生命の確保、維持に必要不可欠

なものについては、時価相当額を念頭に置いた上で、社会通念上、相当と認める限度において、不法行為との間に相当因果関係のある損害に当たるものと解するのが相当であるとして、時価相当額を超えた治療費を認める裁判例が登場しています（〔事例20〕参照）。

(3)　ペットの死傷についての慰謝料

　物的損害については、財産上の損害の賠償により、精神的苦痛も慰謝されることになると解されることから、原則として、財産上の損害の賠償に加えて慰謝料が認められることはないものと解されています。

　しかし、ペットについては、飼い主がこれを家族の一員であるかのように扱い、飼い主にとってかけがえのない存在になっていることが少なくありません。

　そこで、そのような動物が不法行為により死亡したときには、飼い主による慰謝料請求が認められることがあります。

　さらに、ペットが死亡に至らず重い傷害を負うにとどまったような場合であっても、重い傷害を負ったことにより、飼い主が当該動物が死亡した場合に近い精神的苦痛を受けたときは、このような精神的苦痛は、社会通念に照らし、主観的な感情にとどまらず、損害賠償をもって慰謝されるべき精神的損害として評価し得るものと考えられます。

　そのため、交通事故によりペットが重い傷害を負った場合についても、飼い主の慰謝料が認められる可能性があります（〔事例21〕参照）。

Q39 道路損傷と原因者負担金制度

交通事故で道路を損傷してしまったときに問題となる原因者負担金制度とはどのような制度でしょうか。

原因者負担金制度とは、道路の損傷・汚損等により道路に関する工事又は維持の必要性を生じさせた場合に道路管理者が原因者に金員を請求するという制度で、民法上の損害賠償請求とは制度趣旨が異なるため、両者の競合・調整が問題となることがあります。

解 説

1 原因者負担金制度
(1) 原因者負担金制度の趣旨

交通事故で道路を損傷したときに問題となる制度に原因者負担金制度というものがあります。

道路法は、通常の道路管理に関する工事以外の工事（「他の工事」といいます。）により必要を生じた道路に関する工事、又は道路を損傷し、若しくは汚損した行為若しくは道路の補強、拡幅その他の道路の構造の現状を変更する必要を生じさせた行為（「他の行為」といいます。）により必要を生じた道路に関する工事・維持を工事原因者に施行させることができるとしています（道路22）。この制度を「原因者工事施行命令制度」といいますが、他方で、道路管理者（国、地方自治体、高速道路株式会社等）側で工事を行った上で、その必要を生じた限度に

おいて、費用の全部又は一部を工事原因者に負担させることもできるとされています（道路58）。後者の制度が「原因者負担金制度」です。

道路は各種の埋設工事が行われたり、地下鉄が建設される際には通常の道路管理以外の工事で掘削・損傷がなされたりすることがあります。公衆が道路を利用できるよう早々に補修する必要があるのは当然ですから、このような場合に原因者に公用負担を定めたのが本制度の趣旨といえます。

(2)　交通事故と原因者負担金制度

近年は、交通事故に基づく道路の損傷が多発しています。その場合、道路管理者は不法行為の被害者でもあるので、民法の不法行為に基づく損害賠償請求権と公用負担制度に基づく請求がオーバーラップすることになり、その調整が問題となります。

2　原因者負担金の法的性格と徴収方法

原因者負担金制度は、「特定の者の行為が原因で生じた道路の損傷や汚損等がある場合、道路の本来の機能を迅速に回復させるとともに、工事等に要する費用を迅速に徴収して、一般納税者や一般道路利用者の負担を軽減する意味で公益に資するものであって、そのため行政上の強制執行を行うことまで可能」とされています（東京高判平27・6・24判時2320・46）。そして、道路管理者の発する負担命令は、原因者の故意、過失は要せず、その行為の適法、不適法をも問うものではなく、「その原因の一端が不可抗力に因る場合においても、費用の負担を求めることが行政の目的に合するときは、原因者に対し、負担命令を発することができる」とされています（大阪高判昭61・3・25判時1200・56）。

原因者負担金制度は公法上の特別な人的公用負担の制度と解されますから、原因者負担金は、負担命令を出し、これが納付されない場合、

国税滞納処分の例により強制徴収できることとされています（道路73③）。

3　原因者負担金と対物賠償責任保険

　対物賠償責任保険によって填補される損害の主なものは、被保険者が負担した法律上の損害賠償責任の額に相当する額です（詳細はＱ40を参照してください。）。そこで、原因者負担金が課される道路の損傷について損害賠償責任が同時に認められる場合には、対物賠償責任保険の支払対象となりますが、損害賠償責任が認められない場合には、保険金の支払対象に該当しない可能性があります。

　共済の事例ですが、共済約款上の「法律上の損害賠償責任」に原因者負担金の負担責任が含まれるかが争点となった前掲東京高裁平成27年6月24日判決は、損害保険契約は、被保険者等に生じた経済的損失ないし不利益を保険者ないし共済組合等が填補することをその本質としており、原因者負担金を、損害の対象からあえて排除するとの意思を有していると解することは困難であるとして、共済約款上の「法律上の損害賠償責任」に原因者負担金の負担責任が含まれると判示しました。

　失火責任法では、失火者に軽過失しかない場合には政策的配慮により不法行為責任を負わないものとされていますが、このような軽過失の失火者であっても原因者負担金を課されるという事態が生じることがあります（なお、宇賀克也「道路法の原因者負担金制度の法律問題」西谷剛ほか編『政策実現と行政法』205頁以下（有斐閣、1998）では、原因者負担金制度には失火責任法の適用はないものとされています。）。

　そこで、上記判決で問題となった共済約款の規定の解釈としては、失火責任法の適用により不法行為責任を負わないが、原因者負担金の

支払責任を負う場合、当該責任は法律上の損害賠償責任ではないから こそ、保険者が保険金を支払うためには費用保険金として位置付ける 必要があるとして定められたものとして理解すべきでしょう（今川嘉 文「道路法上の原因者負担金に係る保険者の責任」龍谷法学50巻4号35頁（2018））。

　もっとも、上記判決の事故発生後、大手損害保険会社は保険約款の 改訂を行い、この改訂により失火責任法により損害賠償責任が認めら れない場合において被保険者が原因者負担金として支出した費用につ いても保険金の支払対象とすることが明記されています。

4　損害賠償請求権と原因者負担金との競合と調整

　原因者負担金制度は、公物使用関係における負担の衡平を図る観点 から、民法上の不法行為制度とは異質の制度として設けられています。 そして、道路法上の原因者負担金制度は民法上の損害賠償請求権の特 別法という関係ではなく、不法行為責任の有無が原因者負担金制度に おける原因者責任の存否を左右することはありません。そうだとする と、原因となった行為が不法行為の要件を満たす場合、道路法上の原 因者負担金請求権と民法上の不法行為に基づく損害賠償請求権（民709） が競合することになります。

　まず、両者が競合する場合に、原因者負担命令によらず、民法上の 損害賠償請求によることができるかが問題となりますが、上述のとお り、原因者負担金制度が民法の特別法ではなく、その制度趣旨が異な るとすれば、自力執行という強力な権限を付与された者がこれを放棄 して裁判所において民事的救済を求めることを排除すべき理由はあり ません。したがって、道路管理者が民事上の損害賠償請求を裁判所に 求めることも認められるものと考えられます（宇賀・前掲論文でも、 「原因者負担金の納付を命ずるのか、不法行為に基づく損害賠償請求

をするのかは、単にショートカットを通るのか迂回するのかという問題に限定されるわけではないので、両請求権が競合し、時効等、長所・短所を斟酌して、適切な方を行使することができると解することも可能と思われる」とされています。）。

次に、道路の損傷の原因を与えた者が複数いる場合の処理については、直接の損傷者に対し、全額の原因者負担金命令を出し、当事者間の処理は内部求償に委ねるという方法が一般的なようです（なお、宇賀・前掲論文では、原因者負担金制度について不真正連帯債務の法理を類推して処理する方法について「その理論的根拠は必ずしも十分とはいえない」とした上で、「原因者負担金納付命令とは別に不法行為に基づく損害賠償請求も可能である」という解釈を前提とすれば、「不真正連帯債務の法理により処理することが望ましい場合には損害賠償請求を行い、原因者負担金納付命令を出す場合には分割責任によるという考え」もあり得ることを示唆しています。）。

なお、近時の裁判例には、不法行為に基づく損害賠償請求権の対象となる復旧工事費用相当額の損害に対する遅延損害金の利率（年5％）と原因者負担金に対する延滞金の利率（年10.75％）が異なることから、原因者負担金に対する延滞金に充当された金員の額が、その支払がされた時点における損害賠償請求権のうち復旧工事費用相当額の損害金に対する遅延損害金の額を上回っていた場合、その超過額については、上記部分の元本との間で損益相殺的な調整をすべきとしたものがあります（東京地判平28・7・14判タ1437・158）。

| コラム | 原因者負担金制度と不可抗力 |

　原因者負担金制度において原因者に工事費用を負担させるに当たり、原因者の故意、過失を要するか否かという問題について、大阪地裁昭和60年9月26日判決（判タ572・58）は、「原因者の故意、過失はこれを要しない」と解しています。また、その上訴審である大阪高裁も、原因者負担金制度について、「原因者の故意、過失を要しないことはもとより、その行為の適法、不適法を問うものではなく、たとえその原因の一端が不可抗力に因る場合においても、費用の負担を求めることが行政の目的に合するときは、右原因者に対し、上記負担命令を発することができるのである」と判示しています（大阪高判昭61・3・25判時1200・56）。

　では、車両運転者が不可抗力により道路を損傷させてしまった場合には、常に負担金の支払を免れることはできないのでしょうか。

　この点に関し、上記大阪地裁判決は、上記のとおり、工事費用の負担に原因者の故意、過失を要しないとしつつ、原因者は、道路に損傷を与えた自己の行為が、例えば、台風、地震、雷等の自然の災害によってもたらされた場合とか、専ら第三者の行為によってもたらされた場合等、いわゆる不可抗力によってもたらされたことを証明した場合に限り、衡平の原則に照らし、工事負担金の賦課徴収を免れるものと解すべきであると判示しています。

　この判決について、宇賀克也「道路法の原因者負担金制度の法律問題」西谷剛ほか編『政策実現と行政法』205頁以下（有斐閣、1998）では、「かかる場合には、原因者負担金についても、因果関係を否認するこ

とによって『他の工事又は他の行為により』の要件を満たさないこととすべきであろう」としています。

　このように、車両運転者等が不可抗力により生じた道路損傷についての工事費用の負担について争う場合には、故意、過失の有無ではなく、因果関係の有無について争っていくのが適切でしょう。

第10　自動車保険

Q40　物損事故と自動車保険

物損事故に遭った場合に利用できる保険にはどのようなものがありますか。また、事故に遭ったとき、どのような点を確認すべきでしょうか。

物損事故をカバーする自動車保険の代表的なものとしては、対物賠償責任保険と車両保険があります。対物賠償責任保険は、自賠責保険とは異なり、任意保険であるため、加害者がこの保険に加入しているとは限らないことに注意が必要です。相手方が対物賠償責任保険に加入していない場合等には、自分が加入している車両保険から支払を受けることを検討するとよいでしょう。

解　説

1　自動車保険の種類

　まず、自動車保険は、法律で保険契約の締結を義務付けられている「強制保険」と、そうではない「任意保険」に分かれます。
　人身事故で問題となる自動車損害賠償責任保険、すなわち自賠責保険は強制保険で（自賠5）、自動車による人身事故の被害者を救済するため、被保険者が被害者に対する自動車損害賠償保障法3条の損害賠償責任を負担することによって被る損害につき、一定額を限度として塡

補する保険のことをいい、加害者が負担する損害賠償債務のうち自賠
責保険により支払われる金額を超過した場合にその超過額を支払うも
のが任意保険としての対人賠償責任保険です。

ここで、「責任保険」という用語が出てきましたが、責任保険とは、
保険法17条2項括弧書に規定されているとおり、被保険者が損害賠償
の責任を負うことによって生じる損害を填補する保険のことであり、
自賠責保険や対人賠償責任保険、2で説明する対物賠償責任保険はい
ずれも責任保険であって、加害者のための保険ということができます。

他方、物損事故によって生じた損害については、自賠責保険では賄
われませんから、任意保険としての対物賠償責任保険契約が締結され
て初めてカバーされることになります。もっとも、加害者が無責の場
合には対物賠償責任保険は使えませんから、そのときは自分が加入し
ている車両保険を利用することになります。

2 対物賠償責任保険

(1) 対物賠償責任保険の概要

対物賠償責任保険とは、物損事故の加害者が負う損害賠償責任を填
補する保険のことです。対物賠償責任保険における保険事故とは、対
物事故により法律上の損害賠償責任を負い損害を被ったことをいい、
対物事故とは「被保険自動車の所有、使用又は管理に起因して他人の
財物を滅失、破損又は汚損すること」をいいます。

(2) 対物賠償責任保険で支払われる費用の種類

対物賠償責任保険によって填補される損害の主なものは、被保険者
が負担した法律上の損害賠償責任の額に相当する額（責任保険金）で
す。

対物賠償責任保険では、対人賠償責任保険と同様に、①損害防止費用、②請求権の保全・行使手続費用、③緊急措置費用、④示談交渉・協力義務費用、⑤争訟費用などが支払われます。さらに、対物賠償責任保険特有の費用として、⑥落下物取り片付け費用、⑦原因者負担金も保険金の支払対象となりますが、このうち、原因者負担金の詳細については、Q39を参照してください。

(3) 免責事由

保険約款には免責事由が規定されており、これに該当する場合には保険金は支払われません。

代表的な免責事由としては、保険法17条2項を敷衍し類型化したものとして、①故意によって生じた損害、②異常危険（戦争、天災等）によって生じた損害、③危険増加（競技・曲技使用、危険物積載）によって生じた損害については免責されるとされています。

また、記名被保険者、被保険自動車を運転中の者又はその父母、配偶者若しくは子、被保険者又はその父母、配偶者若しくは子といった者の所有、使用又は管理する財物が滅失、破損又は汚損された場合に、それによって被保険者が被る損害については、保険金は支払われません。なぜなら、加害者と同じ立場にある被保険者・運転者の財物に損害が生じても、これは被害者救済を図る対物賠償責任保険の対象外と考えられるからです。

3　車両保険

車両保険とは、衝突、接触、墜落、転覆、物の飛来、物の落下、火災、爆発、台風、洪水、高潮その他の偶然の事故によって、被保険自動車に損害が生じたときに保険金が支払われる保険です。

車両保険は、被保険自動車に生じた物損に限られた保険ですから、

支払われるのは被保険自動車の修理代金であり、代車使用料や休車損は、補償の特約がない限り支払対象とはなりません。

車両保険には、保険契約者・被保険者又は保険金を受け取るべき者等の故意又は重大な過失等、多数の免責事由が挙げられています。なお、免責事由の存在については保険者が立証責任を負いますが、事故が「偶然の事故」であることについての立証責任は、保険金を請求する被保険者が負うものではないというのが判例の立場です（最判平18・6・1民集60・5・1887）。

コラム	示談代行制度

　示談代行制度とは、被保険者が保険金支払対象となる事故を起こした場合、被保険者の同意の下で、被保険者に対して支払責任を負う限度において、保険会社が被保険者のために相手方と折衝、示談又は調停若しくは訴訟の手続を行うことをいいます。現在、この制度は、対人賠償責任保険のみならず、対物賠償責任保険においても導入されています。

　そもそも弁護士法72条は、弁護士や弁護士法人でない者が報酬を得る目的で、業として他人の法律事務を行うことを非弁行為として禁止しています。保険会社が被保険者のために相手方との示談を代行することも、弁護士法72条に抵触するとの指摘がありましたが、日本弁護士連合会と保険会社の間で協議がなされ、保険約款に、被害者が保険会社に対して直接損害賠償額の請求を行うことを可能にする規定（直接請求権）を導入し、保険会社に直接の当事者としての性格を与えることにより、この問題を解決しました。

　ところが、物損事故については、アジャスターと呼ばれる物損事故調査員が示談代行業務を行うというケースが多いといわれています。ただ、アジャスターは保険会社とは別個の法人に雇用されていることが多いことから、保険会社の従業員でもない者が示談交渉をするということは、より弁護士法72条との関係で問題があると指摘されました。そこで、日本弁護士連合会と保険会社との協議の結果、保険会社は弁護士に対物賠償の事故処理を委任し、弁護士の下にこれを補助するため物損事故調査員（1弁護士当たり10名以内、東京などは7名以内）を置く等の条件を記載した協定を締結することで、物損事故についての

示談代行も可能となりました。

　なお、保険会社が被保険者の示談代行を適法に行うことができる根拠は、前述のように、被害者が保険会社に対して直接請求権を有しており、被保険者の損害賠償請求権の確定が保険会社の法律事務と同視できる点に求められます。そのことを明示するため、保険約款には「当社が被保険者に対して支払責任を負う限度において」示談代行を行うことができる旨の限定が付されています。

　そのため、被保険者が相手方に対して損害賠償責任を負わない無責事故の場合等には、保険会社は示談代行を行うことができないということになります。このような場合における示談交渉は、通常、被保険者である被害者が自ら行うか、被害者から委任を受けた弁護士等が行うことになります。

| コラム | 弁護士費用特約 |

1 弁護士費用特約

　弁護士費用特約（弁護士費用等担保特約、弁護士費用等保障特約）とは、被保険者が自動車事故等、所定の事故によって被った損害について保険金請求者が法律上の損害賠償請求を行う場合に、弁護士費用等を負担することによって生じた経済的損失を填補するために保険金を支払うことを内容とした保険のことです。

　例えば、被害者が契約している対物責任賠償保険に示談特約が付いていても、自己に過失がない無責事故の場合については示談代行制度を利用することができないものとされています。このような場合でも、弁護士費用特約が付されていれば、保険金により弁護士等の専門家へ支払うべき報酬が賄われることになり、無償又は低額の負担で専門家の助力を得られるという利点があります。

　また、物損事故については、人身事故（特に後遺障害を伴うもの）と比較して損害額が低額であることが多いことから、この損害額を前提として弁護士等への報酬額を算定する場合には報酬額も低額にとどまることが多いということになります。このような事情から、弁護士等の専門家は物損事故被害者からの受任を躊躇し、その結果、物損事故被害者も受任弁護士を探すことが困難になるといった事態が生じていました。これに対し、物損事故被害者が弁護士費用特約に加入している場合には、弁護士等への報酬額について保険金で賄われることを前提として、示談交渉等の委任契約について時間制報酬（タイムチャージ）方式が採用されれば、弁護士等も労力に見合う報酬金を得るこ

とも可能となり、その結果、被害者も弁護士等への委任の機会が増え
ることになります。

2 保険金の上限

　多くの損害保険会社等の約款では、弁護士費用特約に基づき支払わ
れる保険金の上限は300万円とされています。

　ただ、日弁連リーガル・アクセス・センター（日弁連ＬＡＣ）の「弁
護士保険における弁護士費用の保険金支払基準」（2017年（平成29年）3月
8日版）では、弁護士報酬について時間制報酬（タイムチャージ）方式
を採用した場合について、「1事件当たり所要時間30時間（時間制報酬
総額60万円）を一応の上限とし、所要時間がこれを超過する現実の可
能性が出て来た場合には、別途依頼者及び保険会社と協議する」（2条
5項(2)②）こととされています。

3 日弁連リーガル・アクセス・センター（日弁連ＬＡＣ）

　日本弁護士連合会（日弁連）は、被害者救済を目的として弁護士保
険制度というものを設けています。これは、「複数の保険会社、共済協
同組合及び少額短期保険業者と協定を結び、被害者への弁護士の紹介
をおこなうとともに、法律相談料や弁護士報酬を一定の限度額の範囲
で保険金として支払う制度」とされています（日弁連ＬＡＣ「『弁護士保険
制度』による法律相談及び事件受任についての御案内」（2017年5月1日改訂））。

　日弁連ＬＡＣは、この弁護士保険制度に基づき、弁護士費用特約加
入者が協定保険会社等経由で弁護士紹介の依頼を行ったときに、単位
弁護士会を通じて紹介希望者に弁護士を紹介する制度を運営していま
す。

　また、日弁連ＬＡＣは、上記の「弁護士保険における弁護士費用の

保険金支払基準」の策定も行っています。日弁連と協定を結んでいる保険会社等は、この基準を尊重するものとされていることから、この基準の範囲内の弁護士報酬については、協定保険会社等からスムーズに弁護士報酬額の支払がなされるものとされています。

4 弁護士等が弁護士費用特約加入者等から依頼を受ける際の注意点

弁護士等の専門家が弁護士費用特約加入者等から依頼を受ける際に特に注意を要する点としては、次のようなものがあります。

まず、弁護士等が物損事故被害者等から損害賠償請求等についての依頼の打診を受けた際に、その被害者が弁護士費用特約に加入しているか否かを確認する必要があります。

なお、この弁護士費用特約については、自動車保険加入の際のみならず、火災保険等への加入の際にも加入している可能性があります。したがって、自動車事故以外の事故についても、弁護士費用特約の有無を確認する必要がある場合があります。

どのような保険契約に弁護士費用特約が付いているかを確認する際には、日弁連ウェブサイトの「特約に弁護士費用が付いている保険（参考）」（https://www.nichibenren.or.jp/library/ja/legal_aid/data/bengoshi_hiyou_insurance.pdf（2019.3.22））を参照するとよいでしょう。

また、この弁護士費用特約はいわゆる被害事故を対象としていることから、示談交渉等の依頼を打診した弁護士費用特約加入者が被害者ではなく純然たる加害者である場合には、この特約の適用がないものとしている保険が多いことに注意が必要です（特に、弁護士等が資力に乏しい加害者から示談交渉等の依頼を受ける際、弁護士費用特約の適用対象になるものと誤信したままで委任契約を締結すると、報酬金

の支払を受けられないというリスクを抱え込むおそれがあります。も っとも、純然たる加害者が弁護士費用特約に加入している場合には、 通常、賠償責任保険にも加入しており、この賠償責任保険に基づき保 険会社、保険会社から紹介を受けた弁護士等が示談交渉等を行うこと が多いことから、このような者が独自に弁護士等に示談交渉等を依頼 するというケースは実際には少ないものと考えられます。)。なお、い わゆる単独型弁護士費用保険では、加害事故についても弁護士報酬の 支払対象にしているものもあります。

弁護士報酬として支払われる保険金の算定方法という点について は、保険会社によっては時間制報酬制度を採用していないところもあ るということにも注意が必要です。本原稿執筆時点では、東京海上日 動火災保険株式会社が、時間制報酬制度を採用していないようです(な お、日弁連作成の「弁護士費用保険（権利保護保険）」というリーフレ ット（2018年6月1日改訂版）(https://www.nichibenren.or.jp/library/ja/le gal_aid/data/right_protection180601.pdf (2019.3.22)) によると、2018年（平 成30年）6月1日時点において同社と日弁連との間では協定が締結され ていないとのことです。)。

「弁護士保険における弁護士費用の保険金支払基準」については、 同基準にその適用範囲を日弁連ＬＡＣ経由での依頼の場合に限定する 文言はありません。

そのため、この基準は、日弁連ＬＡＣ経由での依頼の場合以外の場 合にも適用されることが予定されているものと考えられます。

なお、当然のことながら、日弁連と協定を締結していない保険会社 等には、この基準は適用されないことになります。

上記のとおり、「弁護士保険における弁護士費用の保険金支払基準」 （2017年（平成29年）3月8日版）では、時間制報酬制度を採用した場

合の保険金の「一応の上限」を「1事件当たり所要時間30時間（時間制報酬総額60万円）」としています。

この「一応の上限」を超過した場合の扱いについては、「一応」の上限であるにもかかわらず、超過の理由を問うことなく報酬金としての保険金を一切払わないという態度を執る保険会社等（の担当者）も存在することにも注意が必要です。

弁護士等が「弁護士保険における弁護士費用の保険金支払基準」を超過する報酬金を請求する場合（時間制報酬制下で「一応の上限」額を超過する可能性がある場合も含みます。）には、依頼者との間で委任契約を結ぶ前に、依頼者に対して上記基準との差額が依頼者の自己負担となる可能性があること等について十分な説明を行うべきでしょう。

事 例 編

168

事例編　第1　修理費　169

第1　修理費

〔事例1〕　所有権留保車両の使用者による修理費請求が認められた事例

（東京地判平26・11・25交民47・6・1423）

事例の概要

◆関係者等

　　Ｘ：被控訴人兼附帯控訴人、1審原告

　　Ｙ：控訴人兼附帯被控訴人、1審被告

　　Ａ：Ｘ運転車両の所有者

◆被害車両（Ｘ運転車両）

　　車種：トヨタクラウン

　　新車価格：不明

　　経過年数：不明

　　走行距離：不明

◆事実経過

　Ｘ運転車両が、交差点手前で停止中のＹ運転車両の右側方を通過して交差点に進入しようとしたところ、Ｙ運転車両が発進したため、Ｘ運転車両とＹ運転車両が接触した。

　このとき、Ｘ運転車両は所有権留保車両であり、その車両の所有者はＡであって、Ｘは使用者にすぎなかった。

　この事故について、ＸがＹに対して修理費等の賠償を求めて損害賠

170　　事例編　第1　修理費

償請求訴訟を提起したところ、YもXに対して反訴を提起した。

　原判決はX、Yの請求を共に一部認容したにとどまったため、Yは
控訴を提起し、Xは附帯控訴を提起した。

　この訴訟において、Yは、X運転車両は所有権留保車両であるから、
所有者でないXに損害賠償請求権はないと主張してXによる修理費請
求を争った。

裁判所の判断

　裁判所は、「留保所有権は担保権の性質を有し、所有者は車両の交換
価値を把握するにとどまるから、使用者は、所有者に対する立替金債
務の期限の利益を喪失しない限り、所有者による車両の占有、使用権
限を排除して自ら車両を占有、使用することができる。使用者はこの
ような固有の権利を有し、車両が損壊されれば、前記の排他的占有、
使用権限が害される上、所有者に対し、車両の修理・保守を行い、担
保価値を維持する義務を負っている」と述べた上で、「所有権留保車両
の損壊は、使用者に対する不法行為に該当し、使用者は加害者に対し、
物理的損傷を回復するために必要な修理費用相当額の損害賠償を請求
することができる」と判示した。

　さらに、本件判決は、所有権留保車両使用者による修理費賠償請求
について、「その請求にあたり修理の完了を必要とすべき理由はない」
ということも判示した。

解　説

1　問題の所在

　自動車の購入に当たってローン契約を利用する場合、当該自動車に

所有権留保が付されることが多くあります。その場合、自動車登録ファイルにはローン債権者が所有者として、購入者が使用者として登録されるのが通例です。このような所有権留保車両が事故により修理を要する状態になった場合に、使用者が修理費の賠償請求権を有するのかという問題について判断されたのが本事例です。

この問題は、所有権者はローン債権者であるから、事故による当該車両の所有権の完全性が害された結果、損害賠償請求権を有するのは所有権者であるローン債権者ではないのかという問題意識がその背後にあります。

2 本件判決の特徴

本件判決は、上記のとおり丁寧な理由を付して自動車の使用者による修理費賠償請求を認めています。

実務上は、従来より、所有権留保車両の使用者であっても、修理費については損害賠償請求をなし得ることはほぼ異論なく認められていました（なお、所有権留保車両の使用者による買替差額請求についてはQ30を参照してください。）。

本件判決は、「留保所有権は担保権の性質を有」することを明言した上でこのような実務上の取扱いを是認したという点、及び所有権留保車両の使用者による修理費請求についても所有者による修理費請求と同様に修理の完了は不要であることを明言した点に特徴があるものといえます（なお、本件判決は、森冨義明判事（東京地裁交通専門部部総括判事（当時））の「東京地方裁判所民事第27部（交通部）における事件の概況（平成27年度）」法曹時報68巻7号51頁以下（2016）でも取り上げられています。）。

<関連裁判例>

○所有権留保特約付車両売買契約の買主は所有権留保車両の利用権を有するものとした上で、所有権留保車両が毀滅に至らない程度の損傷を受けた場合には利用権の侵害を理由として、実際に支出したか、あるいは支出を予定する修理費の賠償を求めることができるとした事例（東京地判平15・3・12交民36・2・313）

○リース車両について、事故発生時までにユーザーがリース会社に被害車両の新価に相当するリース料金を支払っていたこと、リース会社もユーザーに修理費請求権が帰属するものと認識して修理費請求の意向はない旨通知していること、事故発生後にユーザーがリース会社から被害車両を買い受けていること等の事情から、リース車両の損傷に関する損害賠償請求権はユーザーに発生しているものとして、ユーザーによる修理費請求を認めた事例（大阪地判平29・8・25交民50・4・1075）

事例編　第1　修理費　　173

〔事例2〕　キャンディ・フレーク塗装が施されていた
　　　　　車両について、車両の塗色、塗装後の見え
　　　　　方を踏まえて全塗装までは不要とされた事
　　　　　例　　　　　（東京高判平26・1・29自保1913・148）

事例の概要

◆関係者等
　X：1審原告（駐車車両所有者）
　Y：控訴人兼附帯被控訴人、1審被告（後退車両運転者）
　A：被控訴人兼附帯控訴人訴訟承継人（1審原告はXであったが、X
　　　が原判決言渡し後に破産手続開始決定を受けたため、Xの破産
　　　管財人Aが被控訴人兼附帯控訴人訴訟承継人となっている。）

◆被害車両（X所有車両（ただし破産手続開始決定によりAが管
　理処分権取得））
　車種：普通貨物自動車
　新車価格：不明
　経過年数：不明
　走行距離：不明

◆事実経過
　平成23年5月14日、後退中のY運転車両がX所有車両に衝突すると
いう事故が発生し、X所有車両の左後方の車体側面に長さ十数cmの水
平方向の擦過傷が生じた。
　なお、上記事故発生時、X所有車両には、キャンディ・フレーク塗

装という特殊な塗装が施されていた（控訴審裁判所の認定によると、キャンディ・フレーク塗装は、フレーク塗装（光を反射する薄片（フレーク）を塗料に混入して塗布することにより粒状の光沢を出す塗装）を下塗りした後にキャンディ・カラー塗装（メタリックカラーやパールカラーの塗料を下塗りした後に、有色透明のキャンディ・カラー塗料とクリアコート剤とを混ぜたものを塗布して独特の光沢を出す塗装）を施して独特の光沢を出す塗装方法であると認定されている。）。

　上記事故発生後、Xは、Yに対して、修理費用、代車料、弁護士費用等の賠償を求める訴訟を提起した。この訴訟において、Xは、修理費用について、キャンディ・フレーク塗装による車両全体の再塗装費用として294万6,910円を要する旨主張した。

　原判決（東京地判平25・3・6自保1899・175）は、車両全体の再塗装の必要性を認め、X主張の修理費の全額を認めた。

　この原判決に対し、Yが控訴し、Aも代車費用が損害として認められなかった点を不服として附帯控訴を行った。

　控訴審において、Yは、全塗装について、塗装費用は修理のために必要かつ相当な費用である部分（ブロック）塗装となるのが原則であることを前提として、①X所有車両にキャンディ・フレーク塗装が施されているとしても、全塗装が必要であるという根拠はない、②同塗装は、フレーク粒子の微細であり3コートパール塗装に類似した方法であるということができるから、補修作業時の注意点も一般的な補修塗装の延長線上にある、したがって、本件では、X所有車両については、損傷部である左クォーターパネルの部分（ブロック）塗装で足りると主張した。

　これに対して、Aは、①接触部分だけを修理しようとした場合、当

該部分だけが塗装状態、光沢感、色感等が異なり、外見上著しく美観を損ね、X所有車両の財産的損害を回復できない、②専門家や愛好家には部分塗装であることが識別できるし、特殊塗装そのものに価値がありX所有車両の価値を高めているから、その価値を原状回復するためにも全塗装が必要である等と主張した。

裁判所の判断

　控訴審裁判所は、①塗料メーカーの技術資料や専門書等によればキャンディ塗装の補修は原則的に全塗装ではなく、部分（ブロック）塗装で行うものとされ、キャンディ塗装であるが故の特殊な要因箇所はないこと、②X所有車両のフレーク（光を反射する薄片）は、その存在が一見して明らかではないほど粒子が小さいものであるところ、粒子が小さいほどフレーク塗装とパール塗装とは近似し、識別することは困難となること、③X所有車両の損傷箇所は、左側面後輪後方部分で長さ十数cmの水平方向の擦過傷であり傷は小さく、比較的目立たない部位であること、④X所有車両の塗色が特別な色で色合わせが困難であるとしても、同じ色でも面が切り替われば見え方が変わることを踏まえれば、広範囲にぼかし塗装を取ることで、最大にみても、同一面である左側面の全範囲を塗装することで対応が可能であることを指摘した上で、補修に要する塗装の範囲は、全塗装ではなく、左クォーターパネルを中心とする部分塗装で足り、その範囲は同一平面を構成する左側面部分である左フロントフェンダ、左フロントドア、左リアドア及び左クォーターパネルの各部で足りるというべきと判断し、損害賠償の対象となる塗装費用額を35万7,000円に限定した。

176　　事例編　第1　修理費

解　説

1　修理費用の相当性と全塗装の要否

　修理の一環として塗装を要する場合、損害賠償の対象となると総費用は、修理箇所のみの塗装費用で足りるのか、それとも車両全体の塗装（全塗装）費用まで含まれるのかという点が争点になることがあります。

　一般に、修理費用について、損害賠償の対象となる相当な修理費用とは、相当な修理による相当な修理費（塩崎勤ほか編『専門訴訟講座1　交通事故訴訟』466頁（民事法研究会、2008））であるとか、車両の損傷状態を回復するのに必要かつ相当な修復行為に要する費用であり、その額が経済的に相当なもの（森冨義明＝村主隆行編『裁判実務シリーズ9　交通関係訴訟の実務』430頁（商事法務、2016））などといわれます。塗装も修理の一環であることから、結局、全塗装費用の賠償の要否という問題も相当な修理の範囲の問題ということになります。

　裁判実務では、車両全体を塗装しなければならない合理的理由がない限り部分塗装費用をもって相当と考える傾向にあります。そして、全塗装費用の賠償が認められる場合については、例えば①特殊な塗装技術を施してあるため破損部分のみを塗装するのでは他の部分との相異が明白となって美観を害する場合、②車両自体が高価なもので、車両の価値の大きな部分が外観にかかっている場合、③再塗装の範囲が広いため全塗装する場合と比較して費用に大きな差異を生じない場合等が挙げられています（札幌地室蘭支判昭51・11・26交民9・6・1591）。

　これらの事情は、結局、全塗装費用をもって相当な修理費用であるといえる場合について述べられたものと考えられます。

事例編　第1　修理費　　　177

2　本件裁判例の特徴

　本件裁判例での当事者の主張及び裁判所の判断をみても、上記1で指摘した考え方を前提にしています。

　裁判所は、①X所有車両の塗装方法の特殊性、②X所有車両の損傷の部位やその範囲を指摘して、全塗装までは認めなかったものです。

　もっとも、控訴人（1審被告）が相当な塗装の範囲として左クォーターパネルの部分塗装（ブロック塗装）で足りると主張していたのに対して、控訴審裁判所は、左クォーターパネルを中心とする部分塗装（ブロック塗装）、すなわちその範囲としては同一平面を構成する左側面部分である左フロントフェンダ、左フロントドア、左リアドア及び左クォーターパネルの各部までの塗装をもって相当としています。控訴審裁判所は、部分塗装をもって相当としたとはいえ、損傷箇所そのものである左側クォーターパネルのみではなく、その周辺部分までの塗装を認めています。これは、X所有車両の塗色が特別な色で色合わせが困難であることを指摘して損傷箇所のみの部分塗装では足りないとしたものです。

　弁護士等が事件を担当する際には、損傷箇所のみを前提とした部分塗装か全塗装かという考え方に陥りがちですが、相当な修理がどの範囲かという観点で検討すれば、当然、本件裁判例のように必ずしも二者択一になるとは限りません。本件裁判例は、具体的事案の検討に当たり、塗装範囲としてどの程度が相当かという観点から個別具体的に検討することの重要性を示唆するものといえるでしょう。

＜関連裁判例＞

○キャデラックについて、塗装実施部分と非塗装実施部分との差異は外観に重大な影響を与えるものとはいい難いこと、差異は被害車両に既に色

あせ等が生じていたためであること、全塗装に要する費用は部分塗装費用の2倍以上に及ぶこと等を理由として、部分塗装費用のみを損害賠償の対象とした事例（東京地判平7・2・14交民28・1・188）

○ メルセデスベンツ500ＳＬについて、被害車両はベンツの中でも特に高級車といわれているものであること、特殊塗装のため部分塗装では色合わせが困難であること等を理由として、全塗装が必要であるとした事例（神戸地判平13・3・21交民34・2・405）

○ バスによる運送事業会社が所有するマイクロバスについて部分塗装が実施された後に非塗装実施部分との仕上がり具合が異なることから追加塗装が行われたという事案について、事故車と分かるバスで営業すると、顧客から運送の安全性に危惧を抱かれ、営業上の信用を損なうおそれがあることを理由として、追加塗装も必要かつ相当な修理に当たるとした事例（さいたま地判平25・5・10交民46・3・599）

事例編　第2　経済的全損等　179

第2　経済的全損等

〔事例3〕　経済的全損の証明責任は加害者にあるもの
　　　　　とされた事例

(東京地判平28・6・17交民49・3・750)

事例の概要

◆関係者等

　X：原告（A加入自動車保険会社）

　Y：被告（加害車両運転者）

　A：被害車両運転者

　B：被害車両所有者（法人）

◆被害車両（B所有車両）

　車種：日産エクストレイル5DワゴンNT31　20X／XT2000（F
　　　　クラス）

　初度登録年月日：平成23年7月19日

　経過年数：2年10か月（事故発生時）

　走行距離：4万4,988km（事故発生時）

◆事実経過

　平成26年9月2日、Y運転車両が中央線を越えて走行し、対向車線走
行中のA運転普通乗用自動車（被害車両）と衝突するという事故が発
生した。

　上記事故発生時、XA間で自動車保険契約が締結されており、Xは、

当該契約に基づきＡに対しＡ運転車両の修理費用204万7,302円を支払った。

そこで、ＸがＹに対し、ＡのＹに対する損害賠償請求権を取得したとして、修理費用額の支払を求め、提訴した。

この訴訟において、Ｙは、Ａ運転車両の修理費用204万7,302円はＡ運転車両の価格（161万9,000円）を上回り、経済的全損になったと主張し、賠償額を争った。

裁判所の判断

裁判所は、「適正修理費用が交通事故前の被害車両の価格及び被害車両と同種同等の車両を市場で取得するのに要する費用（以下この費用を「買替諸費用」という。）の合計額を上回るときは、いわゆる経済的全損として、加害者は、被害者に対し、交通事故前の被害車両の価格及び買替諸費用の合計額を賠償すれば足りる」とした上で、経済的全損の立証責任につき「被害車両が経済的全損になったこと、すなわち、適正修理費用が交通事故前の被害車両の価格及び買替諸費用の合計額を上回ることは、適正修理費用の賠償を免れようとする加害者において立証する必要がある」（下線は筆者）と判断した。そして、本件においては「本件事故前の被害車両の価格（消費税別）は191万4,360円となるところ、これに消費税等の買替諸費用を加算すると、合計額は被害車両の適正修理費用204万7,302円を上回る。よって、本件事故によって被害車両が経済的全損になったとは認められない」とした。

そして、裁判所は、Ａ運転車両の価格に買替諸費用を加算した合計額は修理費用を上回り、Ａ運転車両が経済的全損になったとは認められないとして、修理費用を損害賠償の対象とした。

|事例編| 第2　経済的全損等　　　　　181

解　　説

1　経済的全損該当性の立証責任

　原告が修理費を請求したのに対し、被告が経済的全損に該当すると
して、修理費の請求は認められないと主張した事案において、経済的
全損になったことの立証責任が、被害者側にあるのか、それとも加害
者側にあるのかが問題となりました。

　立証責任の分配については、実体法の文言や形式のみならず、法の
目的、類似・関連する法規との体系的整合性、当該要件の一般性・特
別性又は原則性・例外性、その要件によって要証事実となるべきもの
の事実的態様とその立証の難易等を総合的に考慮して判断するものと
されています（司法研修所編『増補　民事訴訟における要件事実(1)』10・11頁
（法曹会、1986）参照）。

　本件判決では、特に法の目的や、当該要件の一般性・特別性又は原
則性・例外性という要素が考慮されています。つまり、本件判決は「不
法行為に基づく損害賠償制度の目的は、被害者に生じた現実の損害を
金銭的に評価し、加害者にこれを賠償させることにより、被害者が被
った不利益を補てんして、不法行為がなかったときの状態に回復させ
ることにある。この目的からすると、交通事故によって車両が損傷し
修理を要する状態になった場合、加害者は、当該車両（以下「被害車
両」という。）の所有者又は使用者（以下「被害者」という。）に対し、
原則として、適正修理費用を賠償する責任を負う（下線は筆者）と解
するのが相当である。なぜなら、被害者を不法行為がなかったときの
状態に回復させるためには、適正修理費用の賠償が必要だからである」
と判示し、原則的には修理費を賠償することになると判断しました。

しかし、これに続けて、本件判決は「もっとも、適正修理費用が交通事故前の被害車両の価格及び被害車両と同種同等の車両を市場で取得するのに要する費用（以下この費用を「買替諸費用」という。）の合計額を上回るときは、いわゆる経済的全損として、加害者は、被害者に対し、交通事故前の被害車両の価格及び買替諸費用の合計額を賠償すれば足りる（下線は筆者）と解するのが相当である。なぜなら、交通事故前の被害車両の価格及び買替諸費用が賠償されれば、被害者は被害車両と同種同等の車両を取得することができ、その結果、被害者は不法行為がなかったときの状態に戻ることができるからである」と判示し、経済的全損の場合は、例外的に修理費の賠償ではなく、被害車両の価格及び買替諸費用の賠償で足りると判断しました。

このように、車両の損傷それ自体の損害については原則として修理費の賠償が認められ、例外として経済的全損の場合には車両の価格及び買替諸費用を賠償すれば足りると考えられることから、被害者側としては修理費を立証すれば修理費が賠償されるのに対し、加害者側が経済的全損に該当し、修理費よりも低い金額の賠償で足りると主張するのであれば、加害者側において経済的全損に該当することの立証責任も負担すると解するのが相当であるということができます。

なお、本件裁判例の事案は被害者が車両修理費を請求した事案ですが、本件裁判例とは異なり、被害者が被害車両が経済的全損に該当することを前提として買替差額、買替諸費用を請求した場合には、被害者が、修理費、事故当時の車両価格及び買替諸費用を主張・立証することになります（梶村太市ほか編『SEIRIN PRACTICE　プラクティス交通事故訴訟』228頁（青林書院、2017））。

事例編 第2 経済的全損等 183

2 経済的全損車両を被害者が売却せずに使用し続ける場合における予定売却代金控除の可否

上記のとおり、本件判決では、結論として、A運転車両は経済的全損になったとは認められないとしています。

この他に、本件判決は、あえて被害者が経済的全損車両を売却せずに使用し続ける場合における予定売却代金控除の可否という点について判断を行い、予定売却代金を控除することはできないとの判断を示しています（この点については、Q16を参照してください。なお、本件事案の控訴審判決（東京高判平28・11・10自保1989・184）は、A運転車両が経済的全損になったという前提の存在は認められず、Yの主張は前提において採用することはできないと述べるのみで、控除の可否についての判断を示しませんでした。）。

＜関連裁判例＞

○遊休車等の存在については、加害者側において立証することは事実上不可能であるということを理由として、遊休車等の不存在の立証責任は被害者側が負担すると解するのが相当であるとした事例（大阪地判平21・2・24自保1815・149）

184 　事例編　第２　経済的全損等

〔事例４〕　中古車業者への照会結果、中古車販売情報
　　　　　サイトの販売情報を基に車両時価額が認定
　　　　　された事例　（旭川地判平27・9・29判時2295・111）

事例の概要

◆関係者等

　　X：控訴人、1審原告

　　Y：被控訴人、1審被告

　　A：X所有車両（被害車両）運転者

◆被害車両（X所有車両）

　　新車価格：389万7,000円

　　経過年数：18年6か月（事故発生時）

　　走行距離：26万8,200km（平成25年4月16日時点）

◆事実経過

　　Y運転車両は、平成25年12月19日、センターラインを越えて反対車
線に進入し、A運転のX所有車両（被害車両）に正面衝突した。

　　X所有車両の修理見積額は135万2,117円であった。

　　Xは、Yに対する損害賠償請求訴訟を提起したが、第1審ではX所有
車両の時価額を40万9,185円と認定した。

　　これに対し、Xが控訴を提起した。

　　X所有車両の時価額について、Xは、市場においてX所有車両と同
種の車両は90万円以上で取引されているとして、90万円と主張した。

事例編　第2　経済的全損等　　185

これに対し、Yは、時価計算の原則は減価償却法である等主張して、X所有車両の時価額は38万9,700円（新車価格の10％）であると主張した。

　事故発生日の被害車両の小売価格について、中古車の仕入れ、販売、修理、価格の査定業務等を営む業者は、下記のとおり回答している。

・業者1：120～150万円

・業者2：120万円くらい

・業者3：120万円くらい

・業者4：110～140万円くらい

・業者5：100～140万円くらい

・業者6：100～150万円

また、インターネット上の中古車販売情報サイトでは、X所有車両と類似する車両の本体価格について、下記の販売情報が掲載されていた。

・カーセンサーnet：94万6,000円（平成26年1月29日当時）

・Goonet：98～148万円（平成26年5月30日当時）

裁判所の判断

　裁判所は、最高裁昭和49年4月15日判決（民集28・3・385）を引用した上で、①中古車の価格査定等を行う専門業者6社は、X所有車両と同一の車種・年式・型、走行距離、新車価格の自動車の販売価格について、いずれも100万円以上であると査定しており、この査定の信用性を疑わせるような事情は見当たらないこと、②インターネット上の中古車販売情報サイトに掲載された情報に照らしても、X所有車両と同種の自動車が90万円以上の価格で取引されていることがうかがわれること

を理由として、X所有車両の時価額はX主張額の90万円を下るものではないと認めるのが相当であると判断した。

解　説

1　車両時価額算定に関する判例

　本件判決が引用する最高裁昭和49年4月15日判決は、交通事故により損傷を受けた中古車の事故当時における取引価格は、原則として、これと同一の車種・年式・型、同程度の使用状態・走行距離等の自動車を中古車市場において取得するために要する価額によって定めるべきであり、上記取引価格を課税又は企業会計上の減価償却の方法によって定めることは、加害者及び被害者がこれによることに異議がない等の特段の事情がない限り許されないものというべきであるとしています。

　しかし、上記最高裁判決が出た後も、特に「レッドブック」に掲載されていない車両の時価額については、減価償却の方法で算定する下級審裁判例は少なくありません。

　これは、時価額を立証する適切な資料を当事者が提出することができなかったために、やむなく減価償却の方法で算定しているというケースも少なくないと思われます。

2　インターネット上の車両価格情報

　ところで、近時では、車両時価額について、中古車販売情報サイト上の販売価格をプリントアウトしたものが証拠として提出されることが珍しくありません。

　ただし、中古車販売情報サイト掲載価格は、あくまでも販売希望価

格であって、実際に取引が成立した価格ではないことが多いということに注意が必要です。

また、販売時期が古いために「レッドブック」に掲載されていない車両については、中古車販売情報サイトにも掲載されていないということも多くあります。

3　本件裁判例の特徴

本件事案では、被害者側は、初度登録時から18年以上経過した車両について、複数の中古車業者への照会結果及び中古車販売情報サイトの掲載内容により車両時価額を立証し、その主張どおりの時価額の認定を得ることに成功しています。

これは、被害者側の立場で被害車両時価額を立証しようとする際において一つの参考になるものと思われます。

188 　事例編　第2　経済的全損等

〔事例5〕　架装した特殊な車両（霊柩車）の時価の算
　　　　　　定方法について、ベース車の減価率を踏ま
　　　　　　えて取得価格を減価する方法が用いられた
　　　　　　事例　　　　　（名古屋地判平28・2・17交民49・1・204）

事例の概要

◆関係者等

　X：原告（A運転車両所有者（冠婚葬祭用具の賃貸販売、葬祭事業
　　　　等を営む有限会社））

　Y₁：被告（追突車両運転者）

　Y₂：被告（Y₁の使用者）

　A：X所有車両運転者

　B：A運転車両の後方で停止していた車両の運転者

◆被害車両（X所有車両）

　車種：クラウンエステート洋型霊柩車

　新車価格（ベース車）：350万円

　改造状況：車長の延長、車高のかさ上げ等の内外装の改造が実施済み

　初度登録時期：平成15年3月

　走行距離：15万4,700km（平成25年3月6日時点）

◆事実経過

　平成25年3月19日、対面信号の赤色灯火に伴い、前からX所有車両、
B運転車両の順に停止していたところ、Y₁運転車両がB運転車両に追

事例編 第2 経済的全損等 189

突し、その衝撃で押し出されたB運転車両がX所有車両に追突した。X所有車両は霊柩車であり、この事故により廃車となった。

また、Xは、上記事故発生後、新たにクラウンロイヤル型霊柩車（新規取得車両）を取得した。この新規取得車両の取得価格（車両本体価格のほか、付属品価格、諸費用額を含む。）は899万1,660円であった。この新規取得車両の取得価格のうち車両本体価格については、もともとのベース車両の価格が353万円のところ、車長の延長、車高のかさ上げにより832万5,000円に増加していた。

Xは、Yらに対する損害賠償請求訴訟において、車両損害の算定に当たっては、霊柩車の特殊性を理由として、車両価格算定の際には定額法を用いるべきであり、定額法による算定の際に用いる耐用年数については20年とすべきであると主張した。そして、X所有車両の車両価格については、新車価格899万1,660円（新規取得車両の取得価格）、残使用期間10年との前提を基に、449万5,830円と主張した。

これに対し、Yらは、レッドブックからの算定額、類似車両の市場における時価額、減価償却の方法に基づく算定額等を基に、X所有車両の車両価格は最大でも75万円であると主張した。

裁判所の判断

裁判所は、「被害車両の取引価格の算定は、原則として同一の車種、年式、型、同程度の使用状態、走行距離等の自動車を中古車市場において取得し得るに要する価額によって定めるべきであり、その価格を課税又は企業会計上の減価償却の方法である定率法又は定額法によって定めることは、加害者及び被害者がこれによることに異議がない等

の特段の事情がない限り許されないものというべきである」としつつも、「特殊な用途に用いられる車両は、同一の年式等の車両が中古車市場に多数流通しているわけではないと考えられるため、取得価格から一定の方法で減価を行うことで車両時価を把握するという手法を採用すること自体もやむを得ない」とした。

そして、霊柩車は、一般の乗用車をベースに改造したものであるから、X所有車両の時価の算定については、基本的には市場で流通するベース車両と同様の程度でその価値が下落していくが、ベース車については市場ではほとんどその評価がつかないような経過年数となった場合でも、中古のベース車を取得して新たに架装を施すために要する費用とのかねあいで、その市場価値の下落が下げ止まると考えるのが相当であるとした上で、具体的な算定方法については、レッドブックの市場価格を参考にベース車両の減価率を算定し、それを踏まえて、X所有車両の取得価格を減価するのが相当であるとした。

具体的には、まずX所有車両の新車価格について

・ベース車：350万円（レッドブック掲載額）

・架装・改造費用：412万2,500円（新規取得車両の車両本体価格（832万5,000円）とベース車両価格（353万円）との差額（479万5,000円）とYら調査額（345万円）の中間値）

・消費税：17万5,000円

の合計額である779万7,500円程度と算定した。

次に、減価率については、ベース車の新車価格が350万円であるのに対して、事故当時の小売価格が約101万円であることから、約71％と判断した。

この新車価格779万7,500円、減価率71％を前提として、事故発生時

のＸ所有車両の価格は226万1,275円と算定した（計算式：779万7,500円 × （1 - 0.71） = 226万1,275円）。さらに、裁判所はこの金額に走行距離による31万円の減価を行い、最終的に、Ｘ所有車両の時価を195万1,275円と算定した。

解　説

　本件判決では、霊柩車という改造車の車両価格の算定方法等が問題となりました。

　本件判決は、車両損害の検討に当たり、まず、最高裁昭和49年4月15日判決（民集28・3・385）の判示内容、すなわち事故発生時の車両時価の算定は原則として市場価格方式によるべきであるということを確認しています。

　改造車の車両価格の算定が問題となった裁判例では、本件判決と同様に、市場価格方式という原則論を確認しつつ、改造車については市場価格の算定は困難である旨指摘するものが多く見受けられます。

　本件判決も、特殊な用途に用いられる車両は市場に多数流通しているわけではないと考えられるということを理由に、取得価格から一定の方法で減価を行うことで車両時価を把握するという手法を採用すること自体もやむを得ないと述べ、市場価格方式を採用しませんでした。

　もっとも、本件判決は、上記最高裁判決が挙げる定率法又は定額法により時価を算定したわけではなく、ベース車の新車価格と小売価格から減価率を計算し、この減価率等を基に事故当時における被害車両の時価額を算定したところに特徴があります。

192 事例編 第2 経済的全損等

＜関連裁判例＞

○改造車（キャビン及びボディーを再制作した事業用貨物自動車）の価格
　算定について、減価償却の方法によって定めるのが相当であるとした上
　で、改造自体については基本的に耐用年数の適用等に関する取扱通達2－
　5－1（車両に搭載する機器）を用いて車両と一括してその耐用年数を検
　討し、車両自体についての耐用年数は減価償却資産の耐用年数等に関す
　る省令別表第1「車両及び運搬具」を、その償却率は同省令別表第9を適用
　するのが相当であるとした事例（東京地判平29・10・3交民50・5・1220）

○改造車（大型自動二輪車）の車両価格の算定について原告がベース車両
　価格に改造費総額319万8,715円の加算を主張した事案において、取付部
　品は自動二輪車の耐用年数を超えて使用されていることを考慮して、改
　造費総額の2割（63万9,743円）をベース車価格に加算した価格を被害車
　両の時価とした事例（東京地判平29・10・24自保2013・161）

事例編　第2　経済的全損等　　193

〔事例6〕　検査登録手続代行費用・車庫証明手続代行費用について賠償の対象とされた事例

（東京地判平28・2・5交民49・1・120）

事例の概要

◆関係者等

　X₁：原告（被追突車両所有者（Aの夫））

　X₂：原告（X₁との間でX₁所有の普通乗用車を被保険車両とする自動車保険契約を締結していた保険会社）

　Y：被告（追突車両運転者）

　A：被追突車両運転者（X₁の妻）

　B：X₁から買替車両の検査登録手続、車庫証明手続の代行の依頼を受けた業者

◆被害車両（X₁所有車両）

　車種：トヨタアイシス

　新車価格：不明

　経過年数：不明

　走行距離：不明

◆事実経過

　A運転車両が信号待ちをしていたところ、Y運転車両がA運転車両に追突するという交通事故が発生し、この事故によりA運転車両は全損となった。

194　事例編　第2　経済的全損等

　事故発生後、A運転車両の所有者であるX₁は、Bに対し、A運転車両を買い替えた新車両について、検査登録手続、車庫証明手続の代行を依頼した。

　その後、X₁は、Yに対して、車両損害等の賠償を求めて訴訟を提起した（なお、この訴訟では、X₂も、保険代位に基づき、X₁に支払った分の代車料額を請求している。）。この訴訟において、X₁は、自己の損害として、車両損害、レッカー代、代車料、弁護士費用の他、買替諸費用6万3,547円（内訳：①検査登録手続代行費用2万5,651円、②車庫証明手続代行費用1万7,496円、③リサイクル資金管理料金380円、④検査登録預かり法定費用6,600円、⑤車庫証明預かり法定費用2,750円、⑥リサイクル預託金1万0,670円）を主張した。

　これに対し、Yは、X₁主張の買替諸費用のうち、①検査登録手続代行費用と②車庫証明手続代行費用については否認したが、裁判所は、Yの主張を退け、Yに対しX₁の主張どおりの買替諸費用の賠償を命じた。

裁判所の判断

　Yは、①検査登録手続代行費用及び車庫証明手続代行費用はBに手続の代行を依頼することに対する報酬であるし、②Bが上記代行行為において申請書等の書類作成を含む行為を直接代行していた場合には行政書士法に違反するものであることなどからすると、本件事故による損害とはいえない旨の主張をする。しかしながら、①上記諸費用に係る手続について業者に代行してもらうことは一般的であり、その金額についても不相当とはいえないのであって、これらの費用についても本件事故による損害であると認められるし、②行政書士法違反の点

についても、⑦仮に、Bにおいて行政書士法等に違反していたとしても、X₁とBとの間の手続代行に関する合意の効力に影響を及ぼすものではないし、①そもそも、本件においてBが行政書士法に違反して申請書等の書類を作成したと認めるに足りる的確な証拠はないのであって、上記Yの主張はいずれも採用することができない。

解　説

1　買替諸費用としての検査登録手続代行費用・車庫証明手続代行費用の賠償の可否

交通事故において、被害車両の買替えが認められる場合、車両を購入して使用できる状態にするためには、車両価格だけでなく、様々な費用が必要になります。一般にこれらの費用を「買替諸費用」といいます（買替諸費用についての詳細は、Q18を参照してください。）。

この買替諸費用のうち、自動車取得税、消費税、自動車重量税、検査・登録法定費用や車庫証明法定費用は、事故がなければ負担する必要がなかったものなので、損害と認められます。

これに対して、検査・登録代行費用・車庫証明手続代行費用や納車手数料は、販売店の提供する労務に対する報酬です。そこで、これらの費用については、本人が自ら行うことができる手続を業者に代行してもらうことに対する報酬であるため、このような費用が損害賠償の対象となるか否かという点について従来は見解が分かれているものといわれていました（佐久間邦夫＝八木一洋編『リーガル・プログレッシブ・シリーズ5　交通事故関係訴訟［補訂版］』231頁（青林書院、2013））。

ここで有力な見解は、登録費用・車庫証明費用、納車費用は、法定の手数料分については損害として認めるべきだが、業者の報酬部分に

ついては、実際にかかった費用の全額ではなく、相当額を裁判所が算定した上で損害として考慮するのが妥当ではないかとしています。それというのも、これらの費用は、①自分でやれば負担を免れること、②値引きの一手段として交渉次第では負担を免れること、③販売店により金額の差がかなりあること等の問題がある一方で、被害者が自分ですべきだというのも社会的実態に反しているといえるからです（竹野下喜彦「買替諸費用について」赤い本1989年版89頁）。

2　本件裁判例の特徴

　このような状況の下で、本件裁判例は、検査登録手続代行費用と車庫証明手続代行費用について明確に賠償の対象となる損害だと認めました。その理由は、これらの費用に係る手続について業者に代行してもらうことは一般的であり、その報酬金額についても不相当とはいえない点に求められています。

　結局、この問題は、不法行為に基づく損害賠償の範囲を決するに当たり類推適用される民法416条1項（本条は改正民法によっても変更はありません。）の「通常生ずべき損害」の解釈によって決まります。今回問題となった検査登録手続代行費用や車庫証明手続代行費用は一般に1万円から3万円程度であり、それほど高額ではない上、その手続を自分で行う人はかなり稀でしょう。そうであるとすれば、本件裁判例の判断は極めて常識的な判断だったといえます。

　なお、本件裁判例の論理からいえば、今回問題となった検査登録手続代行費用や車庫証明手続代行費用だけでなく、納車手数料もその額が相当であれば、損害として賠償の対象となるといえるでしょう。

　　　　事例編　第2　経済的全損等　　　　　197

＜関連裁判例＞

○買替諸費用等について被害車両に代えて新車を購入した場合に要する諸
　費用ではなく被害車両と同一の車種・年式・型、同程度の使用状態・走行
　距離等の自動車を中古車市場において取得した場合に要する諸費用等を
　いうものとした事例（東京地判平15・8・4交民36・4・1028）

○登録手続代行費用、車庫証明手続代行費用といった販売店の提供する労
　務に対する報酬についても買替えに付随するものとして損害賠償の対象
　となるとした事例（東京地判平15・8・26交民36・4・1067）

○原告主張の手続代行費用（登録届出費用3万6,750円、車庫証明費用1万
　5,750円、納車費用1万5,750円）全額を損害賠償の対象として認めた事例
　（名古屋地判平21・2・13交民42・1・148）

198 　事例編　第2　経済的全損等

〔事例7〕　事故車両についての残存車検期間相当分の車検整備費用請求が認められた事例

(さいたま地判平28・7・7交民49・4・840)

事例の概要

◆**関係者等**

　X：原告（青果等の一般貨物運送等を業とする株式会社）

　Y：被告（普通乗用車の所有者兼運転者）

　A：X所有車両運転者

◆**被害車両（X所有車両）**

　車種：日野レンジャー4t積みベースの事業用冷凍車

　新車価格：1,010万円

　初度登録：平成9年1月

　走行距離：約92万km

◆**事実経過**

　Xは、平成25年4月24日、X所有車両について車検のための整備を行い、その費用として51万3,117円を支払った。その後、X所有車両は、平成25年5月1日、有効期間が平成26年4月30日となる車検を受けた。

　その後、X所有車両は、平成25年5月11日、車線変更を行ったY運転車両に接触されるという被害に遭った。

　Xは、Yに対する損害賠償請求訴訟において、平成25年5月1日に車検を受けたことにより1年間公道を走行し得る経済的価値が付加され

事例編　第2　経済的全損等　　199

たことを理由として、上記整備費用額51万3,117円を請求した。

これに対し、Yは、車検整備費用額と事故との間には相当因果関係がないことを理由に、Xの請求を争った。

裁判所の判断

Xは、X所有車両について、平成25年4月24日に車検のための整備を行い、その費用として合計51万3,117円を支払い、平成25年5月1日、有効期間が平成26年4月30日となる車検を受けたことが認められる。

そうすると、Xは、1年間公道を走行し得る経済的価値を付加したX所有車両を本件事故により喪失したということができるから、残存車検期間に相当する車検整備費用49万9,059円（＝　51万3,117円　÷　365日　×　355日）は、本件事故と相当因果関係がある損害ということができる。

解　　説

1　事故車両に関する登録手続関係費用等の賠償

交通事故において事故車両が経済的全損と評価され、車両の買替えが認められる場合には、車両価額だけでなく、車両を買い替えるための諸費用（買替諸費用）も事故と相当因果関係のある損害と解されているということは、Q18で検討しました。

ところで、買替諸費用は、買い替える新車について問題となりますが、他方で事故車両の所有者は、当該事故が生じる以前に当該車両に一定の費用を支出しています。そうすると、事故により当該車両が経済的全損と評価された場合には、その既に支出した費用も無駄になる

という意味で、事故による損害と認められるのではないかが問題となります。

　そのように事故車両につき既に支出した費用については、事故車両の未経過分の自賠責保険料、自動車税、自動車重量税と廃車費用が考えられます。このうち、事故車両の未経過分の自賠責保険料は、廃車にすれば未経過分の保険料が解約料率表に基づいて返還されますから（自動車損害賠償責任保険普通保険約款13）、損害とはされませんが、自動車重量税の未経過分は損害と解されています（東京地判平13・4・19交民34・2・535）。また、事故車両の廃車費用も、事故との間で相当因果関係のある損害とされています（大阪地判平16・2・13交民37・1・192）。

2　本件裁判例の特徴

　これに対して、残存車検期間相当分の車検整備費用が事故との間に相当因果関係のある損害かが争われたのが本件事案です。

　裁判所は、Xが事故直前に車検を受けたことで、「1年間公道を走行し得る経済的価値を付加した原告車を本件事故により喪失したということできる」として、残存車検期間に相当する車検整備費用を本件事故と相当因果関係のある損害と認めました。

　ただ、この点に関しては、「中古車市場での再調達価格は通常商品としての価値を得るべく適正な整備（12か月点検整備）をされている状態での価格であり、事故車が事故前に車検を受け整備費用を支出していても、同種同程度の車であれば車検整備を同じ頃に受けているはずであるから、このような整備費用は原則として中古車の再調達費用に含まれると考えられ、別個の損害として考慮する必要はないと言えよう」（藤村和夫ほか編『実務　交通事故訴訟大系(3)損害と保険』570頁（ぎょうせい、2017））といった指摘もあることに注意を要します（東京地裁平成

事例編　第2　経済的全損等　　　201

27年3月25日判決（平25（ワ）7008・平25（ワ）22744・平25（ワ）22755）も、平成23年2月13日発生事故により全損となった車両について車検期限が平成24年8月26日であったことを認定して車両損害額を算定した上で、残存車検費用については「残存車検費用については車両時価額を算定する際に考慮しており、これを車両損害とは別に本件事故と相当因果関係のある損害と認めることはできない」と判断しています。）。

＜関連裁判例＞

○平成23年10月13日に発生した事故により全損となった車両の車検整備費用について、車検期間及び整備の状態については、通常はその状態に応じて取引価格に反映されている場合が多いものと考えられ、車両自体の価格に整備費用が含まれていないことが価格表示等から明確である場合を除き、車両時価額と別個に車検整備費用を計上することは必ずしも相当ではないとしつつ、車両時価額算定において減価償却において算出せざるを得ない状況であり、金額算定が必ずしも具体的な取引実情を反映してなされたものではないという実情や認定された車両時価額が10万5,000円というおよそ高額とはいえないものであり、この金額の中に整備費用が当然に含まれているという説明は困難であること等の理由から、車検整備費用12万5,000円（車検登録料を含む。）を損害賠償の対象として認めた事例（大阪地判平25・6・25交民46・3・764）

○廃車になり新車を購入する際に要した検査・登録・届出費用3,240円、車庫証明費用2,700円、検査登録届出代行費用1万5,750円、車庫証明代行費用5,250円、預かりリサイクル預託金等1万2,470円、駐車場使用承諾証明作成費用2万円の合計5万9,410円を損害として認めた事例（神戸地判平28・10・26交民49・5・1264）

○未利用自賠責保険料、未利用重量税を損害として認めた事例（神戸地判平30・1・11交民51・1・9）

第3　評価損

［事例８］　評価損の判断において日本自動車査定協会
の査定資料が採用されなかった事例

（東京地判平25・8・6（平25（レ）348））

事例の概要

◆関係者等

　X：控訴人、1審原告

　Y：被控訴人、1審被告

　A：X所有車両の運転者

◆被害車両（X所有車両）

　車種：イギリス製のランドローバー　ディスカバリー3　HSE

　車両価格：845万8,841円（Xが平成20年1月16日に支払った代金合計）

　経過年数：3年10か月（本件事故時）

　走行距離：3万6,126km（本件事故時）

◆事実経過

　A運転車両（所有権留保が付いていた）が交差点内を直進（南から北方向）して進行していたところ、Yは路面が凍結していたにもかかわらず徐行せず、左方及び前方を注視せずに漫然と東から西方向に車両を進行させたため、Y運転車両はスリップしA運転車両に衝突した。

　上記事故について、X（A運転車両の所有権留保特約付車両売買契

約の買主）は、評価損の損害賠償を求めて提訴した。1審判決は、口頭弁論終結時においてＡ運転車両に所有権留保が付いており、Ｘが車両の所有者ではないことを理由として請求を棄却した。

Ｘは、控訴を提起し、車両の売買代金を完済した上、民法536条2項、同304条の類推適用による損害賠償請求権取得を新たに主張した。

評価損の金額について、Ｘは、事故前の下取り価格は262万5,000円であり、事故後の下取り価格は152万2,500円となったからその差額である110万2,500円が評価損であると主張した。

これに対し、Ｙは、車両が初度登録から3年10か月以上経過していること、修理により機能上特段の支障がない状況まで復元可能であること等を根拠として評価損は発生していないと主張した。

裁判所の判断

裁判所は、修理歴があることによりＸ車両の商品価値が下落することが見込まれることから評価損が生じていることを認めた上で、Ｘ車両が平成20年3月に初度登録がされた車両であること、本件事故当時は初度登録から3年10か月余りが経過していたこと、本件事故時までの走行距離は3万6,126㎞であったことに照らして、修理費用195万7,578円の20％に相当する39万1,515円（円未満切捨て）とする認定をした。

加えて、裁判所は、Ｘが提出した、一般財団法人日本自動車査定協会（以下「査定協会」という。）がＸ車両の事故減価額につき49万円であると判定した証拠に対して、その算定過程が明らかでないことから、この証拠に基づいて評価損の額を認めることは困難であると判示した。

解　説

1　評価損の算定方法

　評価損の算定方法については、裁判例により様々に分かれています。具体的には、①減価方式（事故時の価格と修理後の価格の差額を損害とする方法）、②時価基準方式（事故時の価格の一定割合とする方法）、③金額表示方式（事故車両の種類、使用期間、被害の内容・程度、修理費用等諸般の事情を考慮して、損害を金額で示す方法）、④修理費基準方式（修理費の一定割合とする方法）等があります。

　実務では、本件裁判例と同様に修理費基準方式を採用することが多いといわれています（森冨義明＝村主隆行編『裁判実務シリーズ9　交通関連訴訟の実務』445頁（商事法務、2016））。

　また、評価損の認定に当たっては、車両の車種、走行距離、初度登録からの期間、損傷の部位・程度、修理の内容・程度、事故当時の同一車種の時価、査定協会による査定等の諸般の事情が総合考慮されることになります（森冨＝村主・前掲445頁）。

2　本件裁判例の特徴

　本件裁判例は、結論としては修理費の20％相当を評価損と認定し、原告が主張していた査定協会が判定した結果を算定過程が明らかでないことを理由に排斥しました。

　コラム「事故減価額証明書に対する評価」にも記載したとおり、査定協会による減価証明について、磯邉裕子「車両損害をめぐる諸問題（下）－車両損害の評価を中心として」判タ1393号25頁以下（2013）では、近時の裁判例の分析を基に、査定協会作成の事故減価額証明書は採用されないことが多いものとされています。

事例編　第3　評価損　　205

　ただし、裁判例の中には、査定協会の査定に従って評価損を認定したものもあります（神戸地判平11・1・27交民32・1・198、東京地判平25・1・9自保1892・147、名古屋地判平28・1・29交民49・1・115等）。

3　留意点

　上記のとおり、評価損は様々な事情を総合考慮して判断されますので、必要に応じて査定協会の事故減価額証明書の取得等の証拠収集に努めるのが代理人として肝要だと思われます（ただし、**コラム「事故減価額証明書に対する評価」**に記載したとおり、事故減価額証明書の取得費用については損害賠償の対象とはならない可能性があります（特に裁判所が評価損の発生を認めなかった場合）ので、証明書取得前にあらかじめ依頼者との間で取得費用の負担等について相談しておくのが無難でしょう。）。

＜関連裁判例＞

○ポルシェ911カレラについて、日本自動車査定協会による査定額（96万7,000円）よりも高額の評価損（150万円）を認めた事例（大阪高判平21・1・30判時2049・30）

○下取り価格の差額を格落損害（評価損）と認めることはできないとして、修理費の約3割の評価損を認めた事例（名古屋地判平23・5・11自保1851・153）

○販売中の新築建物に車両が衝突したという事案において、建物について270万円の評価損の発生を認めた事例（大阪地判平27・8・27交民48・4・1011）

206 事例編 第3 評価損

〔事例9〕 所有権留保車両の使用者による評価損賠償請求が認められなかった事例

（名古屋地判平27・12・25交民48・6・1586）

事例の概要

◆関係者等

　X：原告（被追突車両の自動車検査証上の使用者、同車両運転者）

　Y：被告（追突車両運転者）

　A：X運転車両の自動車検査証上の所有者

◆被害車両（X運転車両）

　車種：メルセデス・ベンツ

　初度登録年月：平成16年2月

◆事実経過

　平成25年6月25日、Y運転車両がX運転車両に追突するという事故が発生した。このX運転車両の自動車検査証には所有者はA、使用者はXと記載されていた。

　Xは、代車費用のほか、評価損71万6,500円の賠償を求めて提訴した（修理費用については、Xによる提訴前に、既にXY間で示談が成立し、この示談金は支払済であった。）。

　なお、この訴訟において、X運転車両の売買代金が完済されていたとの事実は主張されていなかった。

事例編　第3　評価損　　　207

裁判所の判断

　裁判所は、「原告が主張する評価損は、結局のところ、原告車両の交換価値の侵害であるから、所有権留保の構成につき担保的構成を採った場合においても、その損害が帰属するのは価値権を把握する留保所有権者であると評価すべきである」と判示した上で、「そうすると、原告において評価損の賠償を請求することはできないといわざるを得ない」とした。

解　説

1　所有権留保

　自動車の割賦販売の際、売主が代金債権を担保するために、目的物である自動車の引渡し後も代金完済までその所有権を売主に留保するとの特約が契約に付されることがあります。このような担保方法を所有権留保といいます。

　自動車の販売において所有権留保が行われた場合には、自動車検査証（車検証）には、所有権留保車両の信販業者、売主等は所有者として、買主は使用者として記載されることになります。

2　所有権留保特約付車両売買契約の買主による評価損賠償請求

　Q31で説明されているとおり、所有権留保特約付車両売買契約の売買代金が完済されていない場合には、買主・留保所有権者間に合意がある場合を除き、買主による評価損の賠償請求は認められていません。

　新車購入直後に事故により車両が損傷した場合、弁護士等がその車

両購入者等から車両の格落ち分についても賠償を求めたいとの相談を受けることは少なくないと思われます。

　ただ、特に新車を購入する場合にはローンが用いられ、購入契約に所有権留保特約が付されていることが多くあることから、購入者からの依頼を受けた弁護士等は、早期のうちに、自動車検査証等を確認した上で、評価損賠償請求の可否に関する見通しを伝えておくことが望ましいでしょう。

＜関連裁判例＞

○事故発生時に車両の留保所有権は信販会社に帰属していたことを認定した上で、評価損は車両の交換価値を把握している者が取得すべきところ、事故時には信販会社が車両所有権を留保していたことから、仮に評価損が発生したのであれば信販会社が取得すべきものであるとした事例（東京地判平21・12・24自保1821・104）

○所有権留保車両について、買主による代金完済の事実を認定した上で、所有権留保特約付車両売買契約の買主による評価損賠償請求を認めた事例（東京地判平26・12・3自保1939・125）

事例編　第4　代車料　　209

第4　代車料

〔事例10〕　代車料日額の算定に当たり被害車両の初度
　　　　　　登録時からの経過期間が考慮された事例

（名古屋地判平27・5・18自保1955・64）

事例の概要

◆関係者等

　X：第1事件原告兼第2事件被告

　Y：第1事件被告

　Z：第2事件原告（Y運転車両の使用者と自動車保険契約を締結した
　　保険会社）

◆被害車両（X運転車両）

　初度登録から既に14年近くが経過したベンツ（Yの主張によると、
「平成11年11月登録のベンツSクラス」とのことである。）

◆事実経過

　X運転車両とY運転車両が平成25年4月27日に交差点で接触したと
いう事故について、Xは、Yを被告として、損害賠償請求訴訟を提起
した（第1事件）。

　その後、Zは、Xを被告として、保険代位に基づく求償金請求訴訟
を提起した（第2事件）。

　この訴訟において、Xは、代車料損害について、日額3万0,857円、

使用期間14日分を前提として、43万1,998円を請求した。

この日額について、Xは、ベンツを代車として利用しており、その日額について3万0,857円が相当であると主張した。また、Xは、代車使用の必要性については、Xの母親の通院の送迎、買い物といった事情を、ベンツを代車として利用することの相当性については、母親の通院に際しての安全性・快適性の確保、乗降の容易性を挙げていた。

これに対し、Yは、X運転車両の時価額は133万円にすぎないと主張した上で、代車としては国産車カローラクラスで十分であり、代車料の日額は9,720円ないし8,100円程度が相当であると主張した。

裁判所の判断

裁判所は、X主張の乗降の容易性、安全性の確保についてベンツ以外の車両でも実現可能であると述べ、また、快適性についても、ベンツ以外の車両に乗車することにより身体の調子が悪化するとの医学的裏付けはないと指摘した。

その上で、裁判所は、「その用途等や、原告車両がベンツであるとはいえ、本件事故時において初度登録から既に14年近くが経過した車両であることに照らせば、代車としては一般的な国産車で十分である」として、代車料の日額について「消費税を含めて1日1万円程度を認めるのが限度である」と判断した。

解　説

被害車両が修理中の間や被害車両を買い替えるまでの間、被害車両所有者等が代車を用いることがあります。

事例編　第4　代車料　211

　ただ、被害車両所有者等が支出した代車料全額が直ちに賠償の対象として認められるとは限らず、賠償の対象となるのは必要かつ相当な範囲内に限られています。

　賠償の対象となる代車料の1日当たりの金額は被害車両と同一の車種の車両の使用料が基準となるかという点（いわゆる「代車の車種・グレード」の問題）について、東京地裁民事交通訴訟研究会「東京地裁民事第27部における民事交通訴訟の実務について」別冊判タ38号18頁（2014）では、「代車料は、自動車の利用権の侵害に対して、当該利用状況を回復するものであるが、比較的短期間の代替手段であることなどから、通常は、被害車両と同一の車種である必要はなく、被害車両と相応する車種の代車料で足りるものと考えられている」ものとされています（なお、赤い本2019年（平成31年）版上巻243頁では「代車の車種・グレード」について2件の裁判例を掲載するのみで、裁判例の傾向等の記載はありません。青本26訂版266頁では「代車としては事故車と同種、同年式といった同程度のものが認められる」とされています。佐久間邦夫＝八木一洋編『リーガル・プログレッシブ・シリーズ5　交通損害関係訴訟［補訂版］』233頁（青林書院、2013）では、「通常は、事故車両と必ずしも同一の車種である必要はなく、事故車両の用途等に照らし、それに相応する車種の車両であれば、それについて要した代車料の賠償を求めることができる」とされています。）。

　ただ、代車として用いられた車両が国産普通車である場合には、この「代車の車種・グレード」という点が重大な争点になることは少ないようです。

　これに対し、被害車両が高級外車であったこと等の事情から被害車両所有者が高級外車を代車として使用し、この高級外車の使用料を基

準として加害者に代車料の賠償を請求した場合には「代車の車種・グレード」が争点となることが少なくありません。

この点について、裁判例の傾向としては、被害車両が高級外車であっても、賠償の対象となる代車料については、基本的に国産高級車の使用料を基準とし、代車の使用目的に照らして高級車を使用する必要性が認められない場合には普通車の使用料を基準としているようです（ただし、佐久間＝八木・前掲233頁では、「原状回復という損害賠償の理念からすれば、事故車両が高級外車である場合には国産高級車の限度でしか賠償が認められないとまでいうことには問題があ」ると指摘した上で、「個別具体の事案における使用目的や使用期間を考慮して判断するのが相当である」としています。）。

本件判決では、裁判所は、「代車の車種・グレード」について、「一般的な国産車で十分である」と判断しています。このような結論を出すに当たり、裁判所は、母親の通院の送迎というＸ主張の「用途」について検討してベンツという高級外車をあえて使用する必要性がないと認定していることから、本件判決は上記の裁判例の傾向に沿うものといえるでしょう。

また、本件判決では、被害車両の初度登録時から事故発生時までの経過期間についても言及しています。青本26訂版266頁でも「同年式」という記載があることから、裁判所が「代車の車種・グレード」という点について判断する際に、この被害車両の年式、初度登録からの経過期間といった事情を考慮する可能性があると考えられます。

そのため、「代車の車種・グレード」が争点となることが予想される場合にはこれらの事情についてもあらかじめ調査しておくのが無難でしょう。

事例編　第4　代車料　213

＜関連裁判例＞

○親戚から代車を借りたという事案について、被害者が代車提供者に対して代金を支払っていないこと、被害者・代車提供者間に書面による代金支払約束がないことを認定しつつも、社会的儀礼としての謝礼として1日当たり3,000円を前提とする賠償を認めた事例（大阪地判平25・6・25交民46・3・764）

○被害車両（メルセデス・ベンツCLKクラス）の代車として被害車両使用者（キャバクラ店のフロアキャスト）がメルセデス・ベンツSL500を日額4万2,000円（消費税相当額を含む。）で借りたという事案について、被害車両使用者が被害車両を営業活動のためにも用いており、被害車両の希少性が原告の顧客に訴求力を有していたということからある程度の高級車を代車として用いたとしても、必要かつ相当範囲を超えるものということはできないとした上で、メルセデス・ベンツCクラスの使用料（最初の24時間については3万1,320円、その後は24時間ごとに2万3,760円）を基準として代車料を算定した事例（名古屋地判平27・12・25交民48・6・1586）

○被害車両（アウディA4）の代車料について被害者が1日当たりの使用料として2万1,600円（消費税相当額を含む。）を前提として代車料を請求したという事案について、修理業者、複数のレンタカー業者の使用料等を踏まえ、24時間の通常料金の場合には2万円台のものが比較的多いこと等から原告の主張どおりの使用料を基に代車料損害を算定した事例（名古屋地判平29・5・12交民50・3・603）

214　事例編　第4　代車料

〔事例11〕　社会通念上、代車料が修理代金を上回るような状態にならないように修理に着手すべきであるとして、賠償の対象となる代車使用期間が限定された事例

(千葉地判平22・11・22自保1846・47)

事例の概要

◆関係者等

　X：甲事件原告兼乙事件被告（被追突車両運転者）

　Y：甲事件被告（追突車両運転者）

　Z：乙事件原告（Y運転車両所有者）

◆被害車両（X運転車両）

　普通乗用自動車（Yの主張によると「ニッサンマーチ」とのことである。）

◆事実経過

　Y運転車両（Z所有）が変則交差点においてX運転車両に追突し、Y運転車両の前部とX運転車両の左後部が損傷した。

　上記事故発生後、Xは、代車として60日間にわたりレンタカー（1日当たりの使用料6,000円）を使用した。

　なお、X運転車両の修理費は21万9,394円であった。

　XはYに対して代車料等の支払を求める損害賠償請求訴訟（甲事件）を提起し、ZもXに対して損害賠償請求訴訟（乙事件）を提起し、こ

れらの請求は併合された。

この訴訟において、Xは、X運転車両の修理中等に発生した代車料額について、37万8,000円（1日当たりの使用料6,000円に60日間の使用期間を乗じた額（36万0,000円）に、更に消費税（5%）相当額（1万8,000円）を加算した額）と主張した。

この点に関し、Yは、代車使用期間について、X運転車両の車種、破損の部位・程度、修理内容等を総合考慮すれば、事故と相当因果関係のある代車使用期間は10日間を超えることはない旨主張した。

これに対し、Xは、代車使用期間が長期化した原因として、当事者間の事故態様の主張が大幅に異なり、修理費用負担に争いが生じたことから、X運転車両修理工場担当者が、Y加入任意保険会社への連絡を行った上で、修理着手を一時的に見合わせていた等主張した。

裁判所の判断

裁判所は、「交通事故により車両が損壊し、その修理を要する場合には、修理そのものに要した期間に加えて、直ちに修理を開始することができないと認められる相当な事情があれば、一定の範囲で、当該期間についても、交通事故と相当因果関係のある損害と解することができると考えられるが、その場合においても、社会通念上、代車料が修理代金を上回るような状態にならないように修理に着手すべきと解するのが相当である」と判示した。

その上で、裁判所は、X主張の代車使用期間について、修理着手の経緯を加味しても、代車使用期間としては30日の範囲で相当なものと解されるとした。

解　説

　代車の使用期間については、現実に修理や買替えに要した期間のうち相当な期間に限り認められるものとされています。

　そして、この相当な期間の目安としては、修理の場合はおおむね2週間程度、買替えの場合はおおむね1か月程度といわれています（佐久間邦夫＝八木一洋編『リーガル・プログレッシブ・シリーズ5　交通損害関係訴訟［補訂版］』233頁（青林書院、2013）等）。

　ただし、損害賠償の対象となる代車使用期間には、純粋に修理・買替えに必要とされた期間に限られず、相当な交渉期間や修理費の見積りに要した期間等も含まれるものとされています。

　本事例においても、Xの代車使用期間は上記の修理期間の目安と比べて長期間となっていますが、その原因は、Xの主張を前提とする限りでは、本件事故の過失割合の争いに端を発する交渉の長期化にあるようです。

　上記のとおり、損害賠償の対象となる代車使用期間に含まれる交渉期間はあくまでも「相当」な期間に限定されています。本件判決は、この「相当」性の判断において、修理費の金額も考慮要素の一つになり得ることを明示した点で参考になるものと考えられます。

＜関連裁判例＞

○物理的全損車両の修理工場における保管料について、事故と相当因果関係がある保管料として認められる範囲は特段の事情のない限り被害車両を廃車にするか否かを考慮するのに必要な相当期間内のものに限られると判示した事例（大阪地判平10・2・20交民31・1・243）

○修理の着手の遅延に加害者側任意保険会社の落ち度があったこと等を理由として、賠償の対象となる代車使用期間として86日間を認定した事例（名古屋地判平27・12・25交民48・6・1586）

事例編　第5　休車損　　217

第5　休車損

〔事例12〕　遊休車の存在により休車損が認められなかった事例　（名古屋地判平28・2・17交民49・1・204）

事例の概要

◆関係者等

　　X：原告（被害車両所有者、葬祭事業等を営む有限会社）

　　Y₁：被告（加害車両運転者）

　　Y₂：被告（Y₁勤務会社）

　　A：事故後にXから業務委託を受けた会社

◆被害車両（X保有車両）

　　車種：クラウンエステート（平成14年式、平成15年3月初度登録）を
　　　　　ベースに内外装の改造を施した洋型霊柩車

◆事実経過

　　平成25年3月19日、X保有車両が赤信号に基づき停止していたところ、Y₁運転車両がいわゆる玉突き事故を起こし、X保有車両が損傷した。

　　Xは、葬祭事業等を営む有限会社であり、本件事故発生当時、5台の霊柩車を保有していた（この5台のうち、3台（クラウンエステート洋型霊柩車（本件事故による損傷車両）、ボルボ洋型霊柩車、センチュリー洋型霊柩車）が洋型霊柩車であった。また、Xでは、本件事故発生

前から霊柩車を1台増車する予定があった。Xは、本件事故発生後、2台の霊柩車を新たに導入した。)。

もともと被害車両は、本件事故日から代替車両賃借日（平成25年4月11日）までの期間において31回の運行が予定されていた。しかし、本件事故の発生により、Xは31回の運行予定のうち、22回は上記ボルボ洋型霊柩車で、6回は上記センチュリー洋型霊柩車で、3回はAへの業務委託で対応した。

Xは、上記期間において、被害車両を使用できず、Xが保有するグレードの高い霊柩車で代替し、又は、Aに業務を委託せざるを得なかったとして、休車損20万円をはじめ損害額合計938万8,830円の支払を求めて、提訴した。

Yらは、休車損につき、Xは他の保有車両を利用して対応しており、実損害が生じておらず、また、葬儀社からの発注を断って売上げが減少したという事実もないと主張した。これに対し、Xは、Aに業務を委託した結果、当該業務に関するXの収入が減少しており、また、Xの有する霊柩車で代替した場合でも、被害車両以上の高級車両を使用せざるを得なかったことにより損害が生じていると反論した。

裁判所の判断

裁判所は、「そもそも休車損害は、交通事故により営業用車両が損害を受けて修理や買い替えを要するような場合に、そのために必要な期間、当該車両を事業の用に供することができないことで喪失した得べかりし利益のことである。したがって、事業者が他に代替可能な営業用車両（遊休車）を保有しており、それを運用することで利益を上げているのであれば、休車損害は生じない」（下線は筆者）とした上で、

「Aに委託した以外の28回の運行については、原告は遊休車で代替し、当初予定されていた代金収入を得ているのだから何ら損害は生じていない」「走行予定のなかったボルボ洋型霊柩車等を複数回余計に走行させたことにより、メンテナンスコストが増大するなど経費が増加したといった事情があれば、それを損害とみる余地はあるかもしれないが、それについての具体的な立証はないし、まして、それが、利用代金の差額に一致するとは認め難い」とした。そして、「Aに配送を委託せざるを得なかったことによる損害は、本件事故による損害と認められる」として、「休車損害は6万円と認められる」と判断した。

解　説

　本事例では、休車損が認められるための要件として、被害者において事故車以外に活用できる車（遊休車）が存在しなかったことが必要であるか否かが問題となりました。

　この点についての裁判例の傾向としては、遊休車が存在しないことを必要とするものが多く見受けられます。

　例えば、大阪地裁平成21年2月24日判決（自保1815・149）は、「事故によって、特定の営業用車両を使用することができない状態になった場合にも、遊休車等が存在し、現に、これを活用して営業収益を上げることが可能な場合には、被害者においても、信義則上、損害の拡大を防止すべき義務がある。したがって、遊休車等が存在し、これを活用することによって、事故車両を運行していれば得られるであろう利益を確保できた場合には、原則として、上記利益分については、休車損として賠償を求めることはできないというべきである」と判示しています。

上記大阪地裁判決も指摘するとおり、被害者側は、信義則上、被害が拡大するのを防止すべき義務を負っていると考えられるところ、被害者側が遊休車を保有している場合、被害者側としては遊休車を活用することによって、事故車を運行していれば得られたであろう利益を確保するべきであるといえます。

つまり、多くの裁判例もそうであるように、休車損が認められるための要件として、遊休車が存在しないことが必要となるものというべきです。

本事例も、多くの裁判例と同様の判断をしたものと考えられます。

＜関連裁判例＞

○保有事業用車両台数と運転者数が一致しないことから原告が常時遊休車を保有していたということはできないとしつつ、事故車両の事故発生前3か月間の稼働率が69.5％であったこと、被害会社が事故発生後速やかにその保有車両を被害車両積載物の載替えに用いることができたことから被害車両の買替え期間中の全日にわたり代替車両が用意できなかったものとも考え難いとして、事故前3か月間の利益を基に算出した日額に事故前3か月間の被害車両の稼働率を乗じた額を基礎として休車損を算定した事例（大阪地判平29・3・17交民50・2・286）

○原告（貨物事業者）保有車両全てに専属運転者が配置されている事案において、被告側が専属運転者が運転していない時間であれば車両を使用できる旨主張したのに対し、裁判所が「遊休車両の存否で問題となるのは、遊休車両の存在により、原告貨物車が使用不能になったことの業務上の影響がないといえるかどうかである」とした上で「専属運転者を決めて使用していた車両の業務内容を、専属運転者を決めて使用していた他の車両の空き時間で完全に代替できるとは考え難い」として被告側の主張を排斥した事例（大阪地判平29・8・25交民50・4・1075）

事例編　第5　休車損　　221

〔事例13〕　減益なしでも休車損が認められた事例

（名古屋地判平24・6・20自保1880・156）

事例の概要

◆関係者等

　　X：原告（被害車両所有者）

　　Y₁：被告（加害車両運転者）

　　Y₂：被告（Y₁が勤務する会社）

　　A：被害車両運転者

◆被害車両（X所有車両）

　　事業用大型貨物自動車

◆事実経過

　　平成22年5月20日、首都高速道路において、後行していたY₁が運転する加害車両が、先行のAが運転する被害車両に追突した。Xは、休車損52万2,652円を含む、損害額合計606万3,358円の支払を求めて提訴した。

　　Yらは、休車損につき、Xは、他の保有車両を使用するなどして被害車両の稼働部分を補い、本件事故前と同じ水準の売上げを確保しており、休車損は認められないと主張した。また、休車損の認められる期間については、相当な修理期間である32日とすべきであると主張した。

　　これに対し、Xにおいて減益とならなかったのは、Xが顧客の維持

222 事例編 第5 休車損

を図るため経費を投入し、稼働率を上げた結果であり、営業利益ベースでは負担が発生した、そして、被害車両の修理が査定されたのは本件事故から1か月半後（平成22年7月上旬）であり、Xが車を買い替え納車されたのは平成22年7月24日であるところ、本件事故日から納車日までのうち、Aの出勤予定日は52日であるため、休車損対象期間は52日とすべきであると反論した。

裁判所の判断

裁判所は、休車損について「<u>減益とならなかったのは、原告が『顧客の維持を図るため経費を投入し、稼働率をあげた結果』であって『営業利益ベースでは負担が発生していた』</u>と認められ、1日あたり1万0,051円の休車損を認めるのが相当である」（下線は筆者）とした（なお、休車損発生期間については、「原告車の修理費が査定されたのは平成22年7月初旬で、買替えた車が原告に納められたのは、同月24日と認められ、原告は、本件事故日から買い替えまで約2か月を要している。修理費の査定に若干時間を要してはいるが、原告がこれを遅延させた事情は見あたらず、当該査定後、速やかに買替えの判断をしその手続きを行っている。全体として合理的な期間内にあったものと評価でき、休車損の期間として52日を認めるのが相当である」と判示し、休車損については原告の主張どおり52万2,652円と判断した。）。

解　説

本事例では、休車損が認められるためには、事故後の売上高が事故前のそれと比較して減少したことが必要となるのか否かが問題になりました。

| 事例編 | 第5 休車損 | 223

　この点に関しては、減益したことが必要であるとする裁判例もあります。例えば、東京地裁平成8年3月27日判決（交民29・2・529）は「原告は被害車を使用し得なかったが、保有する他の5台の同種車両を駆使することによって被害車の稼働部分を補い、もって本件事故前と同水準又はそれ以上の売上額を確保したことが認められるから、被害車が本件事故前に1日当たりに獲得していた利益額に使用不能日数に乗じた計算方法で休車損を算定することは、被害車が本来挙げるべき利益額を他の5台の同種車両が稼いでいる実情に鑑みると、原告が二重に利得する結果となるから、直ちに採用することはできない」と判示しています。

　人身損害における休業損害については、原則として、現実の収入減があった場合に認められています。休車損についても、この休業損害における扱いと同様に考えるのであれば、上記判決のように、売上高の減少がない場合には、休車損は発生しないと考えることになるでしょう。

　しかし、休車損については、単に、売上高の増減のみで判断するのではなく、売上高が減少しなかった原因等の事情も考慮して判断する必要があると考えられます。例えば、東京高裁平成11年12月27日判決（自保1328・2）が「被控訴人は、本件事故の後、被控訴人車両の修理期間中は他の業者に下請けをし、その報酬を支払った上、運転手に対し、休業に係る最低保証の給与を支払っていたこと、被控訴人は、本件事故後の平成6年度は以前にもまして営業努力をし、同年中には車両を3台に増やしていたこと、平成6年度の利益率は平成5年度と比べて低下していることなど（中略）によれば、売上金額が増加していることのみをもって、被控訴人に休車損が全く生じていないということはでき」ないと判示しています。このように危機感を抱いた被害者が、顧客の

維持を図ろうとして、事故前と比較して多額の経費を投入した結果、事故前と同じ売上高を確保することができたが、営業利益ベースでは減益になったという場合には、休車損が認められるべきであると思われます。

本件判決も、このような見解に立ち、休車損の発生を認めたものと考えられます。

＜関連裁判例＞

○被控訴人が事故後も控訴人の売上額が増加していることを理由として休車損の発生を争った事案において、営業努力、利益率の低下等を理由に休車損の発生を認めた事例（東京高判平11・12・27自保1328・2）

○被害者が事故前と同程度の売上げを上げていた事案において、被害者の営業努力による面も大きいとして、休車損の発生を認めた事例（名古屋地判平15・5・16自保1526・16）

事例編　第5　休車損　　225

〔事例14〕　休車期間の認定に当たり加害者が支払対応しなかったことが考慮されなかった事例

（東京地判平27・12・24交民48・6・1571）

事例の概要

◆関係者等

　X：本訴原告兼反訴被告（追突車両所有者）

　Y：本訴被告兼反訴原告（Bの使用者）

　A：追突車両運転者

　B：被追突車両運転者

◆被害車両（X所有車両）

　事業用大型貨物自動車

　契約上ジョルダー車又はローラー車仕様の、最大積載量1万2,500kg以上等の車種及び仕様を指定された業務の専属として使用されていた。

◆事実経過

　平成25年7月31日、首都高速道路の路肩に、B運転の加害車両が2車線の本線車道のうち走行車線上に車体右側をはみ出させて駐車していたところ、本線車道の走行車両を走行してきたA運転の被害車両が追突した。Xは、加害車両は車道の本線にはみ出して駐車しており、また、エンジントラブル等何ら正当な理由なく高速道路に駐車していたことからすると、Bには事故発生について重大な過失があったと主張

し、事故日から修理後納車されるまでの337日間の休車損1,699万3,899円等の支払を求めて、提訴した。

　Yは、反訴を提起したほか、被害車両は、路肩に停車中の加害車両に衝突したものである上、Aは何らハンドル操作や制動措置を行うことなく、加害車両に追突しているのであるから、Aには重大な過失があると主張し、事故態様を争った。また、休車損についても、Xには遊休車があったから休車損は発生しない、仮に休車損が発生するとしても、休車期間は理論修理期間である31日間とするべきであると主張した。

裁判所の判断

　裁判所は、事故態様について「Aは、原告車を運転して、本線にはみ出していたとはいえ路肩に駐車していた被告車に、特に回避措置をとろうとすることなく追突したものであるから、本件事故の主たる原因はAの著しい前方不注意にあるというべきである。他方で、Bも、路肩とはいえ、高速道路の本線に車体をはみ出させて停車しているのであるから、本件事故の発生について過失がないとはいえない。なお、（中略）被告車がエンジントラブルを起こしていたことが窺われるから、Bが正当な理由なく高速道路上に停車したと認めることはできない」とし、「本件事故の過失割合は、A・9に対しB・1と認めるのが相当である」と判断した。

　また、休車損については、「原告車は、契約上ジョルダー車又はローラー車仕様の、最大積載量1万2,500kg以上等の車種及び仕様を指定された業務の専属に使用されていたと認められるところ、本件証拠上、原告にこの仕様を満たす遊休車があったとは認められない」とした上

事例編　第5　休車損　　227

で、「休車期間は、本件事故発生から原告が修理費の見積書を取得した平成25年8月9日までの10日間に相当な交渉期間7日間を加えた17日間と、相当修理期間60日の合計77日間について認める。原告は、被告が支払対応しなかったために本件事故から約4か月後の平成25年12月2日まで修理着工指示を出せなかった旨主張する。しかし、原告車が停車中の被告車に追突した事故態様において、過失割合に争いがある中、被告が支払対応しないことは不合理とはいえず、また、原告が零細企業で資金繰りに問題があるとしても、単に賠償のための支払をしなかったことについて、遅延損害金を超える損害が生じるということはできない」（下線は筆者）とし、休車損は231万4,158円と判断した。

解　　説

　休車損が認められる期間は、事故車が修理可能であれば修理するのに相当な期間、又は、買替えが相当と認められる場合であれば買い替えるのに相当な期間と考えられています。本件事案では、加害者側が支払対応をしなかった場合に、その期間も休車損が認められるか否かが問題となりました。

　修理・買替えを要する「相当期間」については、裁判例では、修理・買替えそれ自体に要する期間の他に、交渉・検討期間も含まれるものとされています。

　もっとも、被害者側は、信義則上、被害が拡大するのを防止すべき義務を負っていると考えられるところ、事故態様等に争いがあり、加害者が支払対応しないことに合理的な理由がある場合には、支払対応がされていないことまでを交渉・検討期間として考慮する必要はないと考えられます。

本件判決は、「本件事故発生から原告が修理費の見積書を取得した平成25年8月9日までの10日間に相当な交渉期間7日間を加えた17日間と、相当修理期間60日の合計77日間について認め」ており、交渉・検討期間も考慮して、その期間を算定している一方、「原告車が停車中の被告車に追突した事故態様において、過失割合に争いがある中、被告が支払対応しないことは不合理とはいえ」ないとして支払対応していない期間を、交渉・検討期間からは除外しており、上記と同様の考え方によって判断したものと考えられます。

＜関連裁判例＞

○被害車両の時価額の範囲内で修理を行うために修理工場を探した結果、事故発生時から修理工場への入庫に54日間を要した事案において、このような入庫までの期間分を加害者が全部負担すべきいわれはないとして、損害賠償の対象となる休車期間を限定（修理期間（45日間）との合計日数68日間）した事例（東京地判平21・7・14自保1814・126）

○トラックが事故により経済的全損になったという事案において、事故時から相手方側共済からトラックは全損と評価される旨の連絡を受けた時までの期間は車両を修理するか同種の車両を発注するかを容易に決せられなかったといえること、一般にトラックは発注してから注文どおりの架装をしたものが納品されるまでに相当程度の期間がかかるといえることなどを考慮して、損害賠償の対象となる休車期間を60日間とした事例（大阪地判平24・3・23自保1879・101）

事例編　第6　積荷損害等　　229

第6　積荷損害等

〔事例15〕　積荷検査費用が積荷価格を超える場合に積
　　　　　荷価格の損害の発生が認められた事例

（名古屋地判平29・9・8交民50・5・1148）

事例の概要

◆関係者等

　X₁：本訴原告兼反訴被告（被追突車両所有者）

　X₂：本訴原告兼反訴被告（被追突車両運転者）

　Y₁：本訴被告（追突車両運転者）

　Y₂：本訴被告兼反訴原告（Y₁の使用者）

　A：エンジン製造業者（積荷であるエンジンポンプについて、エン
　　　ジンの製造を担当）

　B：フレーム取付業者（積荷であるエンジンポンプについて、Aが
　　　製作したエンジンへのフレーム取付けを担当）

◆被害物件（積荷）

　エンジンポンプ（ガソリンエンジンとポンプをフレームに取り付け
たロビンポンプ　1台当たりの価格2万5,350円）：376台

◆事実経過

　X₂運転車両が道路上に駐車していたところ、Y₁運転車両が時速
65km程度の速度でX₂運転車両に追突した。

230 事例編 第6 積荷損害等

上記事故発生時、X₂運転車両は376台のエンジンポンプを運送中であった。このエンジンポンプはそれぞれ段ボール箱に梱包され、X₂運転車両の12個のパレット上に積載されていた。

そして、上記事故の発生により、X₂運転車両のパレットのうち、前から3番目までのパレットは箱が30°程度傾斜し、変形が生じた。積荷のエンジンポンプについては、全体の55%程度は、外観上、箱の損傷が甚だしく（そのうちの7台については、箱が著しく破損し、中身が飛び出しフレームに歪みなどが生じていた。）、30%程度は箱に明らかなしわが確認でき、残り15%程度の箱についても細かいしわが確認された。

このような被害を受けたエンジンポンプについて、Aは目視のみでの点検で出荷することは許されないものと判断した。しかし、エンジンポンプの動作確認等の検査費用の見積額は1台当たり2万7,470円であり、エンジンポンプの価格（1台当たり2万5,350円）よりも高額であったことから、X₁はエンジンポンプ376台分の価格合計額である953万1,600円等をBに支払った。

X₁は、Yらに対し、積荷損害として、エンジンポンプ376台分の価格合計額953万1,600円等の賠償を求めて損害賠償請求訴訟を提起した。

これに対し、Yらは、本件事故により実際にエンジンポンプの機能が消失したかどうかは確認されておらず、損害の発生について何ら立証されていないこと等を主張して、X₁の請求を争った。

裁判所の判断

本件事故は、駐車中のX₂運転車両に、Y₁運転車両が時速65km程度で追突したものであり、X₂運転車両は、Y₁運転車両に押されて7.5m

事例編　第6　積荷損害等　　　231

ほど進み、衝突された右後部は大破して全損となっており、Y₁運転車両も、左前部が大破等していることから、X₂運転車両が受けた衝撃は、相当大きかったと認められる。また、X₂運転車両は、本件事故の衝撃で左側のウイングが開き、箱が数個落下しており、本件エンジンポンプ376台のうち、7台については、箱が破れて中身が飛び出しており、フレームに歪みなどが確認され、それらを含む全体の55％程度は、外観上、箱の損傷が甚だしく、残りも箱にしわが確認されていることも考慮すると、本件エンジンポンプは、本件事故により、全般的に相当な衝撃を受けたものと認められる。

　そして、上記事情に加え、本件エンジンポンプが、いくつもの部品から構成され、エンジンとポンプの各部には気密性が要求される機械であることもしんしゃくすれば、商品として出荷し、品質に責任を負うことになるAが、本件エンジンポンプについて、その性質上ある程度頑丈に作られ、また、外見上は特に異常が認められなかったとしても、内部に不具合が生じている可能性を懸念して、その全部について検査を求めることには合理性があるというべきである。

　他方、本件エンジンポンプの検査費用は、1台当たり2万7,470円であり、1台当たりの価格2万5,350円を超えることからすると、本件事故により、本件エンジンポンプの価格相当額（2万5,350円 × 376台 ＝ 953万1,600円）について、損害が発生したと認めるのが相当である。

解　説

　積荷を積載していたトラック等が事故により損傷した場合、その積荷も事故の衝撃により損傷している可能性があります。

　このような積荷が損傷した場合、車両損害と同様に、修理費又は時

価額のうち低い方が損害賠償の対象になるものと考えられています。

　ただ、積荷については、自動車とは異なり、その単価は低額であることが多いことから、修理費等を確認しようとするとその確認費用が単価を上回るという事態が生じることがあります。また、積荷が大量であった場合には、全ての積荷について確認作業を行おうとすると、多大な労力、費用を要するということも考えられます。

　本件判決では、検査費用が積荷額を上回る場合に、積荷価格を損害賠償の対象として認めました。

　ただ、本件判決は、検査費用が積荷額を上回るという事情だけではなく、事故により積荷が受けた衝撃の程度、エンジンポンプの特徴を認定した上で、上記の結論を導いているというところには注意が必要です。

＜関連裁判例＞

○運送保険契約の保険金支払事由としての損害について、経済的に見て商品価値を喪失したと評価される状態となった場合を含むものと解されるとした事例（大阪地判平20・5・14交民41・3・593）

○エアコン60セットを積載していたトラックが衝突された事案において、検査等に要する諸費用が積荷の時価額・廃棄費用合計額を大きく上回ることが認められること等を理由として、積荷の時価額・廃棄費用合計額を積荷損害額として認めた事例（大阪地判平24・3・23自保1879・101）

○カップ麺入りの段ボール製ケース1,344個が積載されていた貨物自動車が追突され、被追突車両所有者が運送委託業務契約に基づき全積荷を買い取ったという事案において、全積荷の買取価格での賠償を認めた事例（大阪地判平28・4・26自保1979・148）

事例編　第6　積荷損害等　　　　233

〔事例16〕　被害車両に搭載されていたＯＡ機器の毀損
　　　　　　により生じたデータ変換費用等の賠償が認
　　　　　　められた事例

（大阪地判平19・3・27交民40・2・417）

事例の概要

◆関係者等

　X₁：原告（被追突車両運転者）

　X₂：原告（ＯＡ機器所有会社）

　Y₁：被告（追突車両運転者）

　Y₂：被告（Y₁と本件事故当時、Y₁運転車両を被保険自動車とする任
　　　　意保険を締結していた損保会社）

　A：X₂代表者

◆被害物件（積荷）

　オフィスコンピューター、モニター、プリンター等（昭和54年導入。
なお、平成10年頃にＣＰＵ交換実施）

◆事実経過

　平成16年7月24日、X₁運転車両にY₁運転車両が追突するという事故
が発生した。

　事故発生時、X₁運転車両にはX₂所有のＯＡ機器が積載されており、
このＯＡ機器は上記追突事故により毀損し、修理不能状態となった。

　Ｘらは、Ｙらを被告とする訴訟において、上記ＯＡ機器に関し、同
程度の機器の再調達費用189万円、フロッピーディスク内のデータの

変換・移行費用30万円、機器廃棄費用1万5,750円等の損害の発生を主張した。

このXらの主張に対し、Yらは、ＯＡ機器再調達費用については、事故発生時点では被害物件は既に財産的価値を有していなかったと反論した。また、データ変換・移行費用、機器廃棄費用については、事故による毀損の有無にかかわらずいずれも支出が必要になったことを理由として相当因果関係のある損害とはいえないと反論した。

裁判所の判断

証拠（略）によれば、Aは、当該ＯＡ機器を愛着を持って大切に使用していたこと及び本件事故当時、多少の不具合があったもののX_2の業務において使用されていたことが認められ、当該ＯＡ機器がオフィスコンピューター本体、モニター、プリンター等で構成されていること及びそれがやはり相当程度古いものであることを考慮しつつ、その財産的価値を総合評価すると、10万円程度の損害が発生したものと認めるのが相当である。

また、証拠（略）によれば、当該ＯＡ機器の毀損によって、X_2が業務で使用していたフロッピーディスクに記録されたデータが使用できなくなってしまったこと、及びそのデータを変換して現在使用できるようにするためには13万4,400円の費用がかかることが認められる。この費用は、本件事故と相当因果関係のあるものと認めるのが相当である。

さらに、毀損した当該ＯＡ機器の廃棄費用として1万5,750円がかかることが認められるが、これも本件事故と相当因果関係のある損害と認めるのが相当である。

| 事例編 | 第6　積荷損害等　　　　　　　　　　　235

解　説

1　積載物の賠償

　事故車両内に積載物があった場合、その積載物の損害が事故と相当因果関係のある損害として賠償が認められることがあります。例えば、事故の際、事故車に積載されていた、購入から1年半程度経ったバイオリン（購入価格700万円）とバイオリン弓（購入価格200万円）が焼失した事案で、購入から一定期間を経過していれば購入価格から一定の減価をして損害を認めるのが通常であるところ、バイオリンやその弓の価格は、その作者、音質、製作方法等によって決められるものであり、年数の経過によりその価値が減少するものではないとして、購入価格での損害を認めた裁判例があります（名古屋地判平15・4・28交民36・2・574）。

　また、事故車に積載されたノートパソコンが損壊した事例で、ノートパソコンの購入価格の半額とハードディスクのデータ修復のための費用11万円余りを損害と認めた裁判例もあります（東京地判平17・10・27交民38・5・1455）。

2　本件裁判例の特徴

　本件裁判例は、事故車に積載されていたＯＡ機器の減価された財産的価値はもちろんのこと、当該ＯＡ機器の廃棄費用と、事故によりフロッピーディスクに記録されたデータが使用できなくなったことによる損害として、そのデータを使用できるようにするために支出したデータの変換費用を事故と相当因果関係のある損害と認めた点に特徴があります。

236 事例編 第6 積荷損害等

＜関連裁判例＞

○原告が交通事故によりパソコンが故障したとして被害物件の購入費、検査費を請求した事案において、検査が事故発生時から約2年7か月経過した後になされたものであり、事故から検査までの間に故障が起きた可能性が否定できないこと、パソコンの路上への落下についての原告の供述等が直ちに信用することはできないことを理由に、原告請求の購入費、検査費用は損害として認められないとした事例（東京地判平25・11・8（平25（ワ）6751・平25（ワ）12574））

○原告がトランペットを収納したセミハードケースが事故の衝撃で原告運転車両の後部座席から床に落ちたことによりトランペットに変形・陥没が生じたと主張する事案において、原告の説明どおりの積載方法、落下状況であったとしてもそれでトランペットが損傷するのかそれ自体明らかではないこと等を理由として、原告主張のトランペットの損傷は損害と認めることはできないとした事例（名古屋地判平29・5・12自保2003・153）

事例編 第7 建物損壊　　237

第7　建物損壊

〔事例17〕　建物修理費用について、実際に行われた修理工事費用等が、事故と相当因果関係のある修理費用等の認定に当たって参考になるものとされた事例

（大阪地判平22・7・21交民43・4・899）

事例の概要

◆関係者等

　X：原告（建物所有者）

　Y：被告（車両所有者兼運転者）

◆被害物件（建物）

　ビル（被害部分は和菓子屋に賃貸中）

◆事実経過

　Xがその所有建物の1階を和菓子屋に賃貸していたところ、平成19年11月30日、この和菓子屋賃借部分にY運転車両が突っ込んだため、同建物内の店舗施設や建物の柱が破損した。

　XはYに対し、民法709条に基づき、損害賠償として665万2,800円を請求する訴訟を提起した。

　Xの請求の内訳は以下のとおりであった。

①　仮設工事　39万2,000円（うち、発生残材及びゴミ処理費7万円は

争いあり）

② 解体工事　33万9,200円（うち、残存サッシ撤去工8万円、Pタイル撤去工12万3,200円、処分費7万円は争いあり）

③ 鋼製建具工事　231万1,500円（争いあり）

④ 左官・タイル工事　30万4,610円（うち、土間磁器質タイル貼り14万4,960円は争いあり）

⑤ 内装工事　76万8,560円（うち、クロス・床工事65万8,560円は争いあり）

⑥ 雑工事　19万円

⑦ 現場管理費　50万円（争いあり）

⑧ 直接工事費　①〜⑦計480万円（5,870円を値引き）

⑨ 諸経費　96万円（柱のコンクリートにひびが入ったため行われた非破壊検査費用16万2,750円を含む。争いあり）

⑩ 工事費　⑧・⑨計576万円

⑪ 消費税　28万8,000円

⑫ 修理工事代金　⑩・⑪合計604万8,000円

⑬ 弁護士費用　60万4,800円

裁判所の判断

　本件のように、自動車が建物に突っ込み、建物が破損したという不法行為における建物の修理工事とその費用は、実際に行われた修理工事及びその工事金額そのものではなく、例えば、事故との関係において全く不必要であったり、過大なものであったりすれば、それは除かれるべきであり、また、工事に必要な人工や材料も、実際に行われた工事の内容に照らし検討される必要があり、さらに、現場管理費用や

事例編 第7 建物損壊　239

一般管理費等の間接経費は、もともとその根拠が客観的に明らかにしにくいものであるだけに、工事内容、期間その他当事者の属性等も考慮し、慎重に検討される必要がある。すなわち、不法行為による損害として、その賠償を求めることができるのは、実際に行われた修理工事及びその工事金額そのものではなく、事故と相当因果関係のある修理内容と費用に限られ、その主張・立証責任は、損害賠償を求める側にある。

しかし、本件のように、偶然の交通事故により建物が損傷したことによる損害賠償であるから、その事故の態様、程度、建物の利用状況等に照らし、具体的にその事故により建物が被った損傷に対し、実際に行われた修理工事及びその工事金額も、事故と相当因果関係のある修理内容と費用を認定判断する上で、参考になることも明らかであり、実際に行われた修理内容と費用につき、後日、算定された、より安価な方法若しくは安価な単価で可能であった可能性があることだけをもって、必ずしも実際に行われた修理内容と費用が不相当なものであったとまで言い切ることも相当ではない。

解　説

1　交通事故における建物修理費用の賠償

交通事故により建物損壊が生じて不法行為の加害者が損害賠償義務を負う際、建物の修理に当たって高額な修理費が掛かる場合には、様々な問題があります。経済的全損として、被害者が請求できるのは当該建物の時価評価額の限度にとどまるのか、修理により被害者が不当利得を得たような場合であれば格別、相当な範囲の修理を施しただけの場合は修理費を損害として請求できるのか（東京地判平7・12・19交民28・

6・1779)、中古建物を修理したことで当該建物の耐用年数が延長される
など、その価値が増加し、いわゆる新旧交換差益が生じた場合に、損
害を算定する際に新旧交換差益を考慮する必要があるか等が問題とな
ります（詳細は、Q36をご参照ください。）。

2 本件裁判例の特徴

　Xは、 事例の概要 の◆事実経過の③の鋼製建具工事（費用231万
1,500円）について、サッシ（アルミ部材）とガラスは、注文後加工組
立製品のため、通常より高額となっていると主張しましたが、Yは、
個々の材料費は、『ポケット版　設計・施工者のための住宅と店舗の設
計・見積資料』（これは、建築工事研究会編著『積算資料ポケット版総
合編　設計・施工者のための住宅と店舗の設計・見積資料』（経済調査
会）を指すものと思われます。）や見積りによる実勢一般価格に比して
高額であると反論しました。

　また、Xは、本件修理工事は、1階の貸店舗の営業を優先させたため、
ほとんどが本件店舗の営業時間外である20時から翌朝9時までの間の
夜間に行われ、また年末の繁忙期における和菓子店の売上げへの影響
を最小限に抑えるため、特に早急に店舗を復旧させる必要もあり、緊
急対応が必要であったため、⑦現場管理費が高くなったと主張しまし
たが、Yはこれを認めませんでした。

　このような状況下において、裁判所は、不法行為による損害賠償と
して求めることができるのは、実際に行われた修理工事及びその工事
金額そのものではなく、事故と相当因果関係のある修理内容と費用に
限られるとしつつ、「偶然の交通事故により建物が損傷したことによ
る損害賠償であるから、その事故の態様、程度、建物の利用状況等に
照らし、具体的にその事故により建物が被った損傷に対し、実際に行

事例編　第7　建物損壊　　　241

われた修理工事及びその工事金額も、事故と相当因果関係のある修理
内容と費用を認定判断する上で、参考になる」として、実際の修理費
用より安価な方法・安価な単価で修理が可能であった可能性があるこ
とだけをもって、実際に行われた修理内容と費用が不相当なものであ
ったとはいえない、と判示しました。その上で、争いのある鋼製建具
工事費、現場管理費等を若干減額し、合計549万2,120円の損害賠償請
求を認容しました。

＜関連裁判例＞

○トレーラーが店舗兼住宅を損壊した事案で、営業用財産であっても修理
　により耐用年数が延長され、あるいは価値の増加により被害者が不当利
　得をあげたような場合であれば格別、相当な範囲の修理を施しただけの
　場合には原状回復がなされたにすぎず、改めて経過年数を考慮して減価
　償却するのは相当でないと判示した事例（東京地判平7・12・19交民28・6・
　1779)

○自動車の衝突により石積側壁が損傷した事案において、事故前に当該側
　壁の強度・安定性が十分ではなかったことからその修復費用を加害者に
　全額負担させることは相当ではないとして、修復費用について見積額の
　75%の範囲に限定した事例（神戸地判平29・5・19交民50・3・624）

242　事例編　第7　建物損壊

〔事例18〕　タンクローリー車の爆発により飲食店が全壊したという事案において、200万円の慰謝料が認容された事例

(東京地判平15・7・1判タ1157・195)

事例の概要

◆関係者等

　X：原告（建物賃借人（個人事業主））

　Y₁：被告（Y₄から車両積載物（過酸化水素水）の処理を依頼された業者）

　Y₂：被告（Y₁の代表者）

　Y₃：被告（車両運転者）

　Y₄：被告（車両積載物（過酸化水素水）排出業者）

◆被害物件（建物）

　飲食店（事故発生時点において、Xはおよそ13年間営業していた。）

◆事実経過

　Y₁は、Y₄から過酸化水素水処理の依頼を受けた。この依頼に基づき、Y₃が過酸化水素水を積載したタンクローリー車を運転していたところ、この車両が道路上で爆発し、これにより吹き飛ばされた道路側壁が事故現場付近のビルに直撃し、このビル内にあったX経営店舗が全壊状態となった。

　Xは、Y₁、Y₂、Y₃、Y₄に対し、店舗修理代金等のほか、慰謝料2,600

|事例編| 第7　建物損壊　　　　　　　　　　　243

万円の賠償を求めて訴訟を提起した。

　これに対し、裁判所は、Y₃、Y₄については不法行為責任の成立を否定したが、Y₁、Y₂については不法行為責任の成立を認めた。

裁判所の判断

　裁判所は、Xは本件店舗が全壊する場面に遭遇するなどして恐怖を感じるとともに、本件事故によって、13年間にわたり営業を継続し、自らの生活の糧となっていた本件店舗を一瞬にして失って、大きな絶望を感じたものと認められること、本件事故につきXには一切落ち度はないこと、財産的損害については相当額が填補されること、その他一切の事情を総合的に考慮すると、事故によりXが被った損害を慰謝するための賠償額としては、200万円が相当であると判断した。

解　説

1　物損を理由とする慰謝料請求

　Q35において説明したとおり、物損を理由とする慰謝料の賠償請求は、原則として認められていません。

　ただ、交通事故によって、財産権だけでなく、これとは別個の権利・利益が侵害されたと評価し得るような場合には慰謝料賠償請求が認められることがあるとされています（佐久間邦夫＝八木一洋編『リーガル・プログレッシブ・シリーズ5　交通損害関係訴訟［補訂版］』240頁（青林書院、2013））。この慰謝料賠償請求が認められる場合の典型例の一つとして、自宅で就寝中にトラックが飛び込んできた場合等の建物損壊事例が挙げられています。

2 建物損壊事例における慰謝料額

建物損壊事例における慰謝料額について、伊藤文夫ほか編『最新青林法律相談12 損害保険の法律相談Ⅰ＜自動車保険＞』366頁（青林書院、2016）では、建物の場合にはおおよそ10万円から数十万円程度が多いようであるとされています。

ただ、本件判決では、200万円という高額の慰謝料が認められています。これは、被害状況が建物の全壊という重大なものであったこと、建物が長期間にわたり生活の糧として利用されていたというものでありその損壊がXの生活に与える影響が深刻なものであったこと、Xが損壊の現場に立ち会っておりその恐怖の程度が重大であったことを考慮した結果であると考えられます。

3 不在者による慰謝料請求

上記のとおり、建物損壊事例において慰謝料の賠償請求が認められる典型例として自宅で就寝中にトラックが飛び込んできた場合が挙げられますが、慰謝料請求者が事故発生時に被害建物内にいなかった場合であっても慰謝料請求が認められる余地があります。

例えば、東京地裁平成27年1月15日判決（判時2258・78）は、火災により焼損した家屋の居住者が慰謝料等を請求したという事案において、火災発生当時不在であった者についても、火災発生の知らせを受けて帰宅したところ、建物の損傷を知り衝撃を受けたものと認められるとした上で、一切の事情を総合して30万円の慰謝料を認めています。

4 非所有者による慰謝料請求

建物損壊事例における慰謝料発生の原因は財産権とは別個の権利・利益の侵害であると考えられることからは、慰謝料の請求権者は、建

物の所有者に限られないものと考えられます。

　本件事案においても、Xは建物の賃借人にすぎませんが、その慰謝料請求は認められています。

　また、上記東京地裁平成27年1月15日判決においても、建物居住者による慰謝料請求が認められています。

＜関連裁判例＞

○隣接工場からの失火により住宅が焼損したという事案において、火災発生時不在であった居住者についても、帰宅時に自宅が損傷していることを知り、衝撃を受けたものと認められること等を理由に、30万円の慰謝料が認容された事例（東京地判平27・1・15判時2258・78）

○販売中の新築建物に自動車が衝突したという事案において、270万円の限度で評価損を認めた事例（大阪地判平27・8・27交民48・4・1011）

第8 ペット損害

〔事例19〕 盲導犬死亡事故について、その客観的価値が算定された事例

（名古屋地判平22・3・5判時2079・83）

```
事例の概要
```

◆関係者等

　X₁：原告（盲導犬Aの所有者（盲導犬協会））

　X₂：原告（盲導犬Aを無償貸与されていた者）

　Y₁：被告（車両運転者）

　Y₂：被告（Y₁の使用者）

◆被害物件（犬）

　盲導犬A（平成10年12月28日生まれ）

◆事実経過

　X₁は、視覚障害者が使用するための盲導犬の訓練、育成及び普及等を目的とする財団法人であり、X₁において育成、訓練された盲導犬は、視覚障害者に対して、無償貸与されていた。X₂も、平成12年11月14日、X₁から、盲導犬Aの無償貸与を受けていた。

　平成17年9月26日、Y₁がY₂の業務として事業用大型貨物自動車を運転して交差点を通過する際、この交差点の横断歩道上を盲導犬Aを伴い歩行横断中であったX₂に同自動車を衝突させた。

　本件事故により、X₂は負傷し、盲導犬Aは死亡した。

事例編　第8　ペット損害　　247

　X₁は、盲導犬の死亡自体による損害について、盲導犬は専門的な訓練を施されて盲導犬としての特別な技能という付加価値を得られたから、盲導犬としての特別な技能を付与するための対価、つまり、当該訓練に要した費用が当該盲導犬の交換価値として評価されるべきと主張し、盲導犬Aが訓練を受けた平成12年度におけるX₁の盲導犬の育成費用を同年度のX₁における盲導犬の完成頭数（10頭）をもって除した金額である453万1,073円を交換価値として請求した。

　これに対し、Y₁、Y₂は、盲導犬Aの客観的価値は、高額な犬の値段（20万円程度）を限度として評価すれば足りると主張した。

裁判所の判断

　裁判所は、盲導犬Aが死亡した場合の死亡自体による損害に関し、当該盲導犬の死亡時における客観的価値によるべきとした上で、盲導犬は、視覚障害者の単なる歩行補助具にすぎないものではなく、視覚障害者の目の代わりとなり、また、精神的な支えともなって、当該視覚障害者が社会の一員として社会生活に積極的に参加し、ひいては自立を目指すことをも可能にする点で、白杖等とは明らかに異なる社会的価値を有しているものと評価することができるとした。そして、盲導犬がそのような社会的価値のある能力を発揮することができるのは、専門的な訓練を施した結果にほかならず、盲導犬を、社会的価値のある能力を有するものとしてその価値を客観的に評価する場合には、当該社会的価値のある能力を身に付けるために要した費用、すなわち、当該盲導犬の育成に要した費用を基礎に考えるのが相当というべきであると判断した。

　この盲導犬の育成に要した費用については、盲導犬Aが訓練を受けた年度にX₁が支出した育成費用の合計を、同年度に育成されていた盲

導犬の頭数（10頭）で割った453万1,037円と判断した。

　そして、個々の盲導犬の客観的価値の算定においては、基本的には、当該盲導犬の活動期間を10年とみた場合の残余活動期間の割合に応じて当該盲導犬の育成費用を減じるのが相当というべきであり、また、盲導犬としての経験を積み重ねることによって、一般的、客観的にも盲導犬としての技能が貸与時より向上したと評価し得る場合には、この点をも考慮して算定するのが相当とした。その上で、盲導犬Ａについては、残余活動期間約5.13年を基礎に、一般的、客観的な技能の向上も考慮して、260万円と算定した。

解　説

1　ペットの客観的価値

　交通事故によりペットが死亡した場合の死亡自体による損害については、当該ペットの死亡時における客観的価値によるべきであるとされています。

　この客観的価値は、通常は、ペットの購入価格や年齢などを考慮して、判断されます。具体的には、購入価格を平均寿命で割り、平均寿命から死亡時の年齢を差し引いた年数を掛けることで算定することが一般的です。

　ペットは、血統書があり、購入時の市場価格がはっきりしているペットだけではありません。無料で譲り受けたり、拾ってきたりしたペットもいれば、雑種もいます。このようなペットについても、裁判所は、その種類や年齢を踏まえて、損害額を認定しています。

　ペットがブリーディングに用いられる犬や猫の場合には、犬や猫から交配料という経済的利益が生じる場合があります。

　また、品評会等に参加して、入賞実績があるようなペットの場合に

は、購入価格よりも、死亡時の市場価格が高額となる場合もあります。そのため、交通事故に関する裁判例ではありませんが、血統書付きアメリカンショートヘアの猫で、30万円で購入し、その後、入賞実績があったものについて、繁殖は考えていなかったことを総合考慮して、50万円の損害を認めた事例があります（宇都宮地判平14・3・28（平9（ワ）529））。

2 本件判決の意義

　本件判決は、死亡した盲導犬の客観的価値を、購入金額や市場価格を基礎に算定せずに、盲導犬としての社会的価値を評価し、当該社会的価値のある能力を身に付けるために要した費用、すなわち、当該盲導犬の育成に要した費用を基礎に算定した点に大きな意義があります。

　盲導犬の他にも、専門的な訓練を受け、特別な技能を取得し、活躍している犬（警察犬、麻薬探知犬、聴導犬、介助犬など）はたくさんいます。このような犬についても、盲導犬と同様に、社会的価値を有しているとして、購入価格を超える経済的価値が認められる可能性があるものと考えられます。

＜関連裁判例＞

○犬（ミニチュア・ダックス、オス、5歳）が他の犬に噛み殺されたという事故について、その死亡時の流通価格を購入金額（15万3,157円）の約3分の1の金額（5万円）と算定した事例（名古屋地判平18・3・15判時1935・109）

○犬（ポメラニアン、メス、平成15年1月生まれ、飼い主の子が約18万円で購入した後に飼い主に譲渡）の死亡事故（平成22年9月発生）について、購入額は複数のペットショップにおける販売価格と比較しても殊更高額であるとはいえないとして、犬の死亡による財産的損害額を18万円と認定した事例（東京地判平24・9・6（平24（レ）448））

250　　事例編　第8　ペット損害

〔事例20〕　ペットの治療費等の賠償額は時価相当額に限られないとされた事例

（名古屋高判平20・9・30交民41・5・1186）

事例の概要

◆関係者等

X_1：被控訴人、1審原告（被害犬の飼い主）

X_2：被控訴人、1審原告（被害犬の飼い主、被害車両の運転者）

Y_1：控訴人、1審被告（加害車両の運転者）

Y_2：控訴人、1審被告（Y_1の使用者）

A：X_2の母親

◆被害物件（犬）

犬種：ラブラドールレトリーバー（購入価格6万5,000円）

◆事実経過

　Y_1運転車両がX_2運転車両の右後部に追突し、X_2運転車両に乗せられていた被害犬は第2腰椎圧迫骨折に伴う後肢麻痺の傷害を負った。

　本件事故当時、被害犬は、X_2運転車両の右後部座席シート上に乗っていた。X_2は、乗車の際、被害犬を体を横に伏せたような姿勢で寝かせ、また、運転中は、助手席に座ったAが被害犬の様子を監視するようにしていたが、被害犬には体を固定する器具は装着されていなかった。

　Xらは、Yらに対する損害賠償請求訴訟において、被害犬に関して、

治療費145万2,310円、将来の治療費14万1,750円、入院雑費等29万0,918円、将来の雑費13万5,000円、交通費14万8,280円、将来の交通費9万6,930円、通院・自宅付添看護費228万円、将来の通院・自宅付添看護費246万円、慰謝料200万円、弁護士費用90万0,518円の合計990万5,706円及びこれに対する遅延損害金を請求した。

これに対し、Yらは、犬ないしペットは、その法的評価とすれば厳然たる物であり、その取得原価や動物としての法的評価等から、その相当額を大きく超える損害を認定することは、法的妥当性、社会通念上の相当性を著しく逸脱するとして、本件損害は総合して20万円の範囲が相当であると争った。

裁判所の判断

裁判所は、被害犬が傷害を負ったことによる損害の内容及び金額は、被害犬が物（民85）に当たることを前提にして、これを定めるのが相当であるとし、このことは、Xらが、被害犬を我が子のように思って愛情を注いで飼育していたことによって、左右されるものではないとした。

そして、一般に、不法行為によって物が毀損した場合の修理費等については、そのうちの不法行為時における当該物の時価相当額に限り、これを不法行為との間に相当因果関係のある損害とすべきものとされているものの、愛玩動物のうち家族の一員であるかのように遇されているものが不法行為によって負傷した場合の治療費等については、生命を持つ動物の性質上、必ずしも当該動物の時価相当額に限られるとするべきではなく、当面の治療や、その生命の確保、維持に必要不可欠なものについては、時価相当額を念頭に置いた上で、社会通念上、

相当と認める限度において、不法行為との間に相当因果関係のある損害に当たるものと解するのが相当であるとした。

そして、治療費11万1,500円、車いす製作料2万5,000円の合計13万6,500円を損害と認めた。また、慰謝料については、Xらそれぞれにつき20万円を認めた。

その上で、動物を乗せて自動車を運転する者として、事故によって予想される危険性を回避し、あるいは、事故により生ずる損害の拡大を防止するため、犬用シートベルトなどの動物の体を固定するための装置を装着させるなどの措置を講ずる義務を負うが、X_2が措置を講じていなかったことから、Xらには過失があり、過失割合を1割とするのが相当とした。

なお、弁護士費用は各2万5,000円とした。

解　説

1　ペットの治療費等

一般的に、不法行為により物が毀損した場合の修理費等については、そのうちの不法行為時における当該物の時価相当額（及び買替諸費用）に限り、これを不法行為との間に相当因果関係のある損害とすべきであるとされています。

これをそのままペットに当てはめてみると、ペットが怪我をしてその治療費に30万円を要したとしても、交通事故当時のペットの時価相当額が10万円であった場合には、交通事故との間に相当因果関係が認められるのは10万円までとなってしまいます。

動物については、人間のように公的な健康保険制度がありませんので、治療費がどうしても高額になってしまいます。そのため、治療費

が時価相当額を超えることは珍しいことではありません。まして、ペットを家族の一員として大切にしている飼い主としては、ペットの時価相当額を超えるからといって、ペットのために必要な治療を拒むことはできないでしょう。ペットは、法律上は物に区分されていますが、生命を持つ存在ですから、生命のない物と全く同様に考えるべきではありません。

そこで、交通事故と相当因果関係が認められる損害を当該ペットの時価相当額に限られるとするのではなく、そのペットの当面の治療や、その生命の確保、維持に必要不可欠なものについては、時価相当額を念頭に置いた上で、社会通念上、相当と認める限度において、不法行為との間に相当因果関係のある損害に当たるものと解するのが相当であると判断する裁判例が登場するようになりました。

2 本件裁判例の意義

本件判決は、6万5,000円で購入した被害犬について、愛玩動物のうち家族の一員であるかのように遇されているものが不法行為によって負傷した場合の治療費等については、生命を持つ動物の性質上、必ずしも当該動物の時価相当額に限られるとするべきではなく、当面の治療や、その生命の確保、維持に必要不可欠なものについては、時価相当額を念頭に置いた上で、社会通念上、相当と認める限度において、不法行為との間に相当因果関係のある損害に当たるものと解するのが相当であるとした上で、治療費11万1,500円、車いす製作料2万5,000円の合計13万6,500円を損害と認定しました。このように本件判決は、ペットについて、時価相当額6万5,000円を超える治療費等を損害と認めた点に大きな意義があります。

また、本件判決は、当面の治療や、その生命の確保、維持に必要不

可欠な費用として、被害犬が入院し、症状が安定して光線治療を受け
るようになるまでの間の治療費が該当するとの具体的な判断を示した
だけでなく、被害犬の後肢麻痺や褥瘡などの症状に鑑み、車いす製作
料2万5,000円についても、必要性を認め、損害とした点が大いに参考
となります。

　さらに、本件判決は、過失相殺という争点について、本来被害車両
の運転者であるX₂には過失相殺の対象となるべき過失の存在は認め
られないはずであるにもかかわらず、飼い主は動物を乗せて自動車を
運転する者として、事故によって予想される危険性を回避し、あるい
は、事故により生ずる損害の拡大を防止するため、犬用シートベルト
などの動物の体を固定するための装置を装着させるなどの措置を講ず
る義務を負うとし、これを怠った点に過失を認めて、Xらの過失割合
を1割と判断しました。

　時価相当額以上の損害を認めた点は、ペットが生命のある存在であ
り、かつ飼い主にとってはかけがえのない存在であることを尊重した
判断といえますが、反面、飼い主にはペットの命や身の安全を守る義
務があることを明確に示しており、命あるものを育てる責任の重さを
示した判決ともいえるでしょう。

事例編　第8　ペット損害　　255

〔事例21〕　ペットが重い傷害を負った場合にも慰謝料
　　　　　　を請求する余地があるとされた事例

（大阪地判平27・8・25交民48・4・990）

事例の概要

◆関係者等

　X：原告（被害犬の飼い主）

　Y：被告（追突車両運転者）

　A：被追突車両運転者（Xの夫）

◆被害物件（犬）

　犬種：トイプードル（購入価格25万円）

◆事実経過

　A運転車両の停止中に、Y運転車両が追突し、この追突の衝撃でA運転車両に乗せられていた被害犬の全身が後部座席から前方のカーナビゲーションに衝突した。本件事故後、被害犬は、継続的に全身の震えや食欲不振といった症状を示した。

　Xは、Yに対する損害賠償請求訴訟を提起し、被害犬に関して、上記症状の他に、頸部脊髄空洞症（限局的）も本件交通事故によるものと主張し、治療費12万4,610円、交通費1万6,000円の他、将来の継続治療費35万円、被害犬の傷害に係る慰謝料18万円などを請求した。

256　事例編　第8　ペット損害

裁判所の判断

　裁判所は、被害犬の継続的な全身の震えや食欲不振といった症状については、本件交通事故との相当因果関係を認めたが、頸部脊髄空洞症（限局的）については、相当因果関係を否定した。

　その上で、損害としては、被害犬の治療費12万4,610円、交通費1万6,000円を認めたが、将来の継続治療費については相当因果関係のある損害とは認めなかった。

　また、被害犬が傷害を負わされたことに対する慰謝料については、物的損害については、財産上の損害の賠償により、精神的苦痛も慰謝されることになると解され、原則として、財産上の損害の賠償に加えて慰謝料が認められることはないものと解されるとしつつも、公知の事実として、犬などの愛玩動物は、飼い主が家族の一員であるかのように扱い、飼い主にとってかけがえのない存在になっていることが少なくないとし、そのような動物が不法行為により重い傷害を負ったことにより、当該動物が死亡した場合に近い精神的苦痛を飼い主が受けたときは、飼い主の精神的苦痛は、社会通念に照らし、主観的な感情にとどまらず、損害賠償をもって慰謝されるべき精神的損害として、飼い主は、これを慰謝するに足りる慰謝料を請求することができるものと解するのが相当であるとした。その上で、本件では、被害犬が飼い主であるXにとってかけがえのない存在になっていることは認められるものの、本件事故により本件犬が負った傷害は、全身の震えや食欲不振といった症状にとどまり、Xの被った精神的苦痛は、社会通念上、損害賠償をもって慰謝されるべきものとまではいい難いとし、慰謝料請求は認めなかった。

事例編　第8　ペット損害　257

解　説

1　ペットの死傷と慰謝料

　物的損害については、財産上の損害の賠償により、精神的苦痛も慰謝されることになると解されていますので、原則として、財産上の損害の賠償に加えて慰謝料が認められることはありません。

　しかしながら、法律上は物とされている犬などのペット（愛玩動物）は、自動車等の生命のないものとは異なり、飼い主により家族の一員であるかのように扱われていて、飼い主にとってはかけがえのない存在です。

　このようなペットが不法行為により死亡するに至った場合には、飼い主は精神的苦痛を受けてしまいます。そのため、このような場合には飼い主にはペットの死亡についての慰謝料が認められるものと考えられています。

　さらに、ペットが死亡するに至らず、重い傷害を負ったにすぎない場合であっても、飼い主が当該動物が死亡した場合に近い精神的苦痛を受けたときは、飼い主の精神的苦痛は、社会通念に照らし、主観的な感情にとどまらず、損害賠償をもって慰謝されるべき精神的損害として、飼い主は、これを慰謝するに足りる慰謝料を請求することができるものと解されています。

2　本件裁判例の意義

　本件判決は、上記のとおり、ペットが死亡するに至らなかった場合についても飼い主の慰謝料請求が認められる余地があることを認めた点に大きな意義があります。

　ただ、裁判所は、本件事案については、被害犬が飼い主であるＸに

とってかけがえのない存在になっていることは認められるとしつつ
も、本件事故により被害犬が負った傷害は、全身の震えや食欲不振と
いった症状にとどまり、Xの被った精神的苦痛は、社会通念上、損害
賠償をもって慰謝されるべきものとまではいい難いとし、慰謝料請求
は認めませんでした。本件判決は、慰謝料が認められない場合の具体
例としても、参考になるものと思われます。

＜関連裁判例＞

○ドッグホテルに預けられていた被害犬がホテルから逃げ出した際に自動
　車に跳ねられて死亡した事故について飼い主らがホテル経営者、ホテル
　従業員を被告として損害賠償請求訴訟を提起したところ、被告らが口頭
　弁論期日に出席せず、答弁書等を提出しなかったという事案において、
　「慰謝料額は、擬制自白の対象とならないと解される」とした上で、「犬
　などの愛玩動物は、飼い主が家族の一員であるかのように扱い、飼い主
　にとってかけがえのない存在になっていることが少なくない」というこ
　とを公知の事実として認定し、飼い主ら各自に10万円の慰謝料を認めた
　事例（東京地判平25・8・21（平25（ワ）9420））

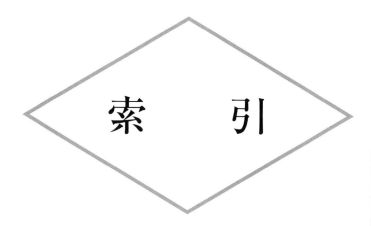

260

事 項 索 引

【あ】

	ページ
『赤い本』講演録	7
「悪意」の意義	20
アジャスター	160
——が撮影した車両写真	41
——作成の見積書	41
——の意見書	60
アルミホイール	114

【い】

ＥＴＣ車載器	114
慰謝料	145
物損事故と——	137
ペットの死傷についての——	148,257
慰謝料請求	
非所有者による——	244
不在者による——	244
物損を理由とする——	243
一般の債権の消滅時効の起算点・期間	14
色むらの立証	67
インターネット上の車両価格情報	186
インターネット上の中古車価格情報	41

【う】

運行供用者責任の適用の有無	3
運転者と車両所有者が別人である場合	55

【え】

エアクリーナー	117
営業再開のための費用	144
営業収入	
——から控除される経費の範囲	109
——減少の要否	105
——の認定方法	108
ＬＥＤバルブ	116
エンジンポンプ	229

【お】

ＯＡ機器再調達費用	234
オーディオ機器	114
オートガイド自動車価格月報	41
オープンエンド方式	130
オフィスコンピューター	233
オペレーティング・リース	130

【か】

カーナビゲーションシステム	114
買替え	80
買替差額	77
——が損害賠償の対象となる場合	78
買替差額賠償請求	123
所有権留保車両と——	123
リース車両と——	133
買替車両に関する費用と損害賠償	85
買替諸費用	82,195
改造車	64
——の車両価格の算定	65,191
——の修理費の算定	65
架装した特殊な車両	188
仮住居への移転費用	145
カルテ	42
簡易裁判所の通常民事訴訟手続	43

【き】

機器廃棄費用	234
技術上の評価損	90
基本書証	37
キャンディ・フレーク塗装	173
休車期間の認定	225
休車損	100,217 221
——の算定方法	107
——の認定資料	110

休車日数	109
業者による査定書	41
金額表示方式	204

【く】

クリアランスソナー	115
クローズドエンド方式	130

【け】

経済的全損	72
——の証明責任	179
修理費賠償請求と——	140
所有権留保車両が——となった場合	125
経済的全損該当性の判断	72
経済的全損事例における損害賠償の対象	74
原因者負担金	
——と対物賠償責任保険	151
——の法的性格と徴収方法	150
損害賠償請求権と——との競合と調整	152
原因者負担金制度	
——と不可抗力	154
道路損傷と——	149
減益	221
減価償却改正	75
減価方式	204
検査登録手続代行費用	193,195

事項索引　263

検査・登録法定費用　85
見分時に作成されたスケッチ　60

【こ】

工学鑑定書　60
交叉的不法行為と相殺禁止　23
交通事故証明書　37,41
交通事故証明書交付手数料　113
交通事故紛争処理センター　29

【さ】

債権法改正　6,9
　――と物損事故処理に与え
　　る影響　9
裁量移送　43
雑費　112
残存車検期間　198
残存車検費用　87

【し】

時価基準方式　204
時価相当額　250
時価の算定方法　188
事業損益明細表　110
時効障害事由　16
　――についての経過措置　18
時効中断　35

時効の完成猶予　16
時効の完成猶予事由としての
　協議を行う旨の書面による
　合意　17
時効の更新　16
事故減価額証明書　92
事故現場
　――の写真　37
　――の図面　37
事故車両
　――に関する登録手続関係
　　費用　199
　――に関する費用と損害賠
　　償　87
　――の修理内容が分かる写
　　真　59
　――の修理見積書　37
　――の損傷状況の写真　37,59
事故態様に関する資料　59
示談交渉　27
示談代行制度　160
実況見分調書　41,59
実績報告書　110
自動車検査証　37,41
自動車重量税　83,85
自動車取得者に課される税
　金・費用　83
自動車取得税　83,85
自動車税（軽自動車税）　84,86
自動車保険
　――の種類　156
　物損事故と――　156

自賠責保険料	84,86	車両付属品	114
事物管轄	43	車両保険	158
司法委員	44	什器	144
司法委員制度	48	修理業者の意見書	60
司法書士による訴訟代理	44	修理工事費用	237
車外装備	116	修理工場	
車検整備費用請求	198	——が撮影した車両写真	41
車庫証明取得費用	85	——の見積書	60
車庫証明手続代行費用	193,195	修理費	64
車庫証明法定費用	85	——の相当性	176
写真	60	改造車の——の算定	65
アジャスターが撮影した車両の——	41	建物損壊と——	140
運転者が事故直後に撮影した車両・現場の——	41	修理費基準方式	204
事故現場の——	37	修理費賠償請求	58
事故車両の修理内容が分かる——	59	——と経済的全損	140
		所有権留保車両と——	120
事故車両の損傷状況の——	37,59	リース車両と——	129
修理工場が撮影した車両の——	41	修理マニュアル	60
被害車両の——	41	修理見積書	41,59
車内装備	116	修理見積費用	113
車両		修理明細書	41,59
——の塗色	173	主張・立証責任	40
架装した特殊な——	188	取得価格を減価する方法	188
車両価格	64	少額訴訟制度	47
事故当時における損傷——の認定	78	証拠	26
		証拠書類	37
事故当時の——の算定	73	上訴	45
車両時価額	184	消費税	83,85
車両時価額算定に関する判例	186	商品	144
車両引揚げ費	112	消滅時効	11,16
		一般の債権の——の起算点・期間	14

事項索引　　265

所有権留保車両
　　——が経済的全損となった
　　　場合　　125
　　——が物理的全損となった
　　　場合　　124
　　——と買替差額賠償請求　　123
　　——と修理費賠償請求　　120
　　——と評価損賠償請求　　126
　　——の使用者による修理費
　　　賠償請求　　169
　　——の使用者による評価損
　　　賠償請求　　206
所有権留保の特殊性　　120
新旧交換差益の考慮　　141
人証調べ　　45
人身損害　　3
診断書　　42

【す】

スピードREU　　117
スポイラー　　117

【せ】

セーフティシステム　　115
積載物の賠償　　235
責任原因　　25
　　——の記載　　51
セキュリティキット　　117
全損　　69

全塗装　　61,173
　　——の要否　　176
全塗装費用請求　　61

【そ】

相殺禁止　　19
　　交叉的不法行為と——　　23
訴状作成時の注意点　　51
訴訟上の和解　　54
損益相殺的調整　　5
損害の填補　　25
損害賠償請求権と原因者負担
　金との競合と調整　　152
損傷車両
　　——及び相手方車両の損傷
　　　状況に関する資料　　59
　　——のパンフレット　　60
　　——の本来の形状を示す資
　　　料　　60

【た】

第三者機関（ADR）の関与の
　下で合意による解決を図る
　手続　　28
代車
　　——の車種・グレード　　211
　　——の使用期間　　97
　　——の相当性　　97
　　——の必要性　　95
代車使用期間　　214

代車料	94, 214		**【つ】**	
──の範囲	96			
代車料日額の算定	209		積荷価格の損害	229
対物賠償責任保険	157		積荷検査費用	229
──の使用	56		積荷損害	118
原因者負担金と──	151			
タイヤ	115		**【て】**	
タイヤホイール	117			
建物修理費用	237		データ変換費用	233
──の賠償	239			
建物損壊			**【と】**	
──と営業損害	142			
──と修理費	140		統計資料	111
建物損壊事例	138		登録事項等証明書	41
──における慰謝料額	244		道路損傷と原因者負担金制度	149
短期消滅時効の起算点	3		塗装後の見え方	173
タンクローリー車の爆発	242		ドライブレコーダー	114
			──が記録した動画データ	41
【ち】			取引上の評価損	90
中古車業者への照会結果	184		**【に】**	
中古車情報誌	41			
中古車販売情報サイトの販売情報	184		日弁連交通事故相談センター	30
長期権利消滅期間の消滅時効期間化	11		日弁連リーガル・アクセス・センター（日弁連ＬＡＣ）	163
調停に代わる決定	34		日本自動車査定協会の査定資料	202
陳述擬制の続行期日への拡張	44			

【の】

納車費用	85
ノートパソコン	235

【は】

ハードディスクのデータ修復のための費用	235
ハードトップ	117
バイオリン	235
売却代金	79
廃車（解体）費用	87,113

【ひ】

被害者の会計書類	110
被害車両	
——に搭載されていたOA機器の毀損	233
——の写真	41
——の初度登録時からの経過期間	209
非所有者	
——による慰謝料請求	244
——による評価損賠償請求	91
評価損	89,145 202
——の算定方法	90
技術上の——	90
取引上の——	90

評価損賠償請求

所有権留保車両と——	126
所有権留保車両の使用者による——	206
非所有者による——	91
リース車両と——	135

【ふ】

ファイナンス・リース	130
不在者による慰謝料請求	244
不真正連帯債務者間の求償権の消滅時効期間	14
物件事故報告書	41
物損事故	9
——と慰謝料	137
——と自動車保険	156
——の解決手段	27
——を対象とする事件の管轄	34
物損事故調査員	160
物損を理由とする慰謝料請求	243
物的損害	3
部分塗装	61
不法行為債権を受働債権とする相殺禁止に関する改正	19
プリンター	233
ブルートゥースハンズフリーユニット	117
フロッピーディスク内のデータの変換・移行費用	233
分損	69

【へ】

ベース車の減価率	188
ペット	
——についての損害	146
——の客観的価値	248
——の死傷についての慰謝料	148, 257
——の治療費	147, 250
弁護士費用特約	162
——に基づき支払われる保険金の上限	163
弁護士費用特約加入者	164
弁護士保険制度	163

【ほ】

防犯カメラが記録した事故当時の動画データ	41
保管料	112

【ま】

マニホールド	117
マフラー	117

【み】

民事訴訟	31
民事調停	29
——における加害者からの申立て	36

民事調停制度の特徴と注意点	33

【む】

ムーンルーフ	115

【め】

メーカーオプション	115
免責額の有無の確認	56
免責事由	158

【も】

盲導犬死亡事故	246
モニター	233

【ゆ】

遊休車	217
「遊休車が存在しないこと」	
——についての判断要素	103
——の要否	102
——の立証責任	104

【よ】

洋型霊柩車	217
予定売却代金控除の可否	183

事項索引

【り】

リース契約の種類	129
リース車両	
——と買替差額賠償請求	133
——と修理費賠償請求	129
——と評価損賠償請求	135
リサイクル預託金（リサイクル料金）	84,85
立証資料	40
領収書	41,59

【れ】

霊柩車	188
洋型——	217
レッカー代	112
レッドブック	41
レンタカー	214

【ろ】

ローン契約	170
ローン債権者	171
録音テープ等の反訳	49

判例年次索引

○事例として掲げてある判例は、ページ数を太字（ゴシック体）で表記しました。

月日	裁判所名	出典等	ページ
【昭和32年】			
4.30	最 高 裁	民集11・4・646	23
【昭和49年】			
4.15	最 高 裁	民集28・3・385	66,70,72 73,75,77 80,123 185,186 191
【昭和51年】			
11.26	札 幌 地 室 蘭 支	交民9・6・1591	62,176
【昭和59年】			
3.15	大 阪 地	交民17・2・391	143
【昭和60年】			
9.26	大 阪 地	判タ572・58	154
【昭和61年】			
3.25	大 阪 高	判時1200・56	150,154

月日	裁判所名	出典等	ページ
【昭和63年】			
3.16	名古屋地	交民21・2・293	141
【平成元年】			
4.14	大 阪 地	交民22・2・476	138
7.11	東 京 地	交民22・4・825	63
12.21	最 高 裁	民集43・12・2209	12
【平成2年】			
3.13	東 京 地	判タ722・84	127
10.22	浦 和 地	交民23・5・1285	93
【平成3年】			
6.12	神 戸 地	交民24・3・670	98
10.29	浦 和 地	交民24・5・1257	98
【平成4年】			
8.21	神 戸 地	交民25・4・954	136
【平成7年】			
2.14	東 京 地	交民28・1・188	178
3.17	東 京 地	交民28・2・417	97
12.19	東 京 地	交民28・6・1779	141,239 241

判例年次索引

月日	裁判所名	出典等	ページ
【平成8年】			
3.27	東 京 地	交民29・2・529	223
5.29	東 京 地	交民29・3・810	97
9.19	岡 山 地	交民29・5・1405	139
【平成9年】			
6.27	大 阪 地	交民30・3・915	98
【平成10年】			
2.20	大 阪 地	交民31・1・243	112,216
【平成11年】			
1.27	神 戸 地	交民32・1・198	205
7. 7	大 阪 地	交民32・4・1091	143
12.27	東 京 高	自保1328・2	223,224
【平成12年】			
10.12	大 阪 地	自保1406・4	138
11. 9	京 都 地	自保1406・5	108
【平成13年】			
3.21	神 戸 地	交民34・2・405	63,178
4.19	東 京 地	交民34・2・535	200
5.29	東 京 地	交民34・3・659	112,113
6.22	神 戸 地	交民34・3・772	145
12.19	大 阪 地	交民34・6・1642	112

月日	裁判所名	出典等	ページ
【平成14年】			
3.28	宇都宮地	平9(ワ)529	249
8.30	東 京 地	交民35・4・1193	112,113
9. 6	岡 山 地	交民35・5・1214	144
【平成15年】			
3.12	東 京 地	交民36・2・313	127,172
4.28	名古屋地	交民36・2・574	235
5.16	名古屋地	自保1526・16	224
7. 1	東 京 地	判タ1157・195	242
7.30	大 阪 地	交民36・4・1008	141
8. 4	東 京 地	交民36・4・1028	86,197
8.26	東 京 地	交民36・4・1067	197
【平成16年】			
2.13	大 阪 地	交民37・1・192	113,200
【平成17年】			
10.27	東 京 地	交民38・5・1455	235
【平成18年】			
3.15	名古屋地	判時1935・109	249
6. 1	最 高 裁	民集60・5・1887	159
【平成19年】			
3.27	大 阪 地	交民40・2・417	233

判例年次索引

月日	裁判所名	出典等	ページ
【平成20年】			
5.14	大阪地	交民41・3・593	119,232
9.30	名古屋高	交民41・5・1186	250
【平成21年】			
1.30	大阪高	判時2049・30	205
2.13	名古屋地	交民42・1・148	73,197
2.24	大阪地	自保1815・149	103,104 183,219 220
3.10	最高裁	民集63・3・385	120
7.14	東京地	自保1814・126	228
10.20	東京地	自保1819・93	91
12.24	東京地	自保1821・104	127,208
【平成22年】			
2.25	東京地	平21(レ)602・平21(レ)675	76
3.5	名古屋地	判時2079・83	246
7.21	大阪地	交民43・4・899	237
11.22	千葉地	自保1846・47	214
【平成23年】			
5.11	名古屋地	自保1851・153	205
11.18	さいたま地	自保1865・167	106
11.25	東京地	交民44・6・1448	143,144
12.21	東京高	自保1868・166	73
【平成24年】			
3.23	大阪地	自保1879・101	228,232
3.27	東京地	自保1873・54	85

月日	裁判所名	出典等	ページ
6.14	大阪地	自保1883・150	85
6.20	名古屋地	自保1880・156	221
7.30	横浜地	自保1882・164	143
9.6	東京地	平24(レ)448	249
【平成25年】			
1.9	東京地	自保1892・147	92,205
3.6	東京地	自保1899・175	174
5.10	さいたま地	交民46・3・599	178
6.25	大阪地	交民46・3・764	201,213
7.25	神戸地	交民46・4・1010	86
8.6	東京地	平25(レ)348	202
8.21	東京地	平25(ワ)9420	258
10.17	横浜地	自保1911・167	125
11.8	東京地	平25(ワ)6751・平25(ワ)12574	236
12.13	名古屋地	交民46・6・1582	119
【平成26年】			
1.21	大阪地	交民47・1・68	86,87 115
1.29	東京高	自保1913・148	63,173
2.5	名古屋地	交民47・1・254	143
2.17	横浜地	交民47・1・268	144
2.21	東京地	平24(ワ)32232	87
3.12	東京地	交民47・2・308	76
7.15	東京地	平25(ワ)29271	124
8.26	京都地	自保1934・137	125
11.4	大阪地	平25(ワ)3974・平25(ワ)9663	131
11.25	東京地	交民47・6・1423	121,169
12.3	東京地	自保1939・125	208

判例年次索引

月日	裁判所名	出典等	ページ

【平成27年】

月日	裁判所名	出典等	ページ
1.15	東 京 地	判時2258・78	244,245
1.23	東 京 地	交民48・1・153	14
3.25	東 京 地	平25(ワ)7008・ 平25(ワ)22744・ 平25(ワ)22755	87,200
5.18	名古屋地	自保1955・64	209
6.24	東 京 高	判時2320・46	150,151
8.25	大 阪 地	交民48・4・990	255
8.27	大 阪 地	交民48・4・1011	145,205 245
9.29	旭 川 地	判時2295・111	184
12.24	東 京 地	交民48・6・1571	225
12.25	名古屋地	交民48・6・1586	127,206 213,216

【平成28年】

月日	裁判所名	出典等	ページ
1.29	名古屋地	交民49・1・115	92,205
2. 5	東 京 地	交民49・1・120	193
2.17	名古屋地	交民49・1・204	103,188 217
4.21	東 京 地	平27(レ)1142・ 平28(レ)69	93
4.26	大 阪 地	自保1979・148	119,232
6.17	東 京 地	交民49・3・750	73,74 116,179
7. 7	さいたま地	交民49・4・840	87,198
7.14	東 京 地	判タ1437・158	153
9.13	東 京 地	平27(ワ)30581	116
10.26	神 戸 地	交民49・5・1264	201
11.10	東 京 高	自保1989・184	114,116 183

【平成29年】

月日	裁判所名	出典等	ページ
1.18	東 京 地	交民50・1・19	143
1.30	東 京 地	平28(ワ)23194	93
2. 6	横 浜 地	交民50・1・130	113
3.17	大 阪 地	交民50・2・286	220
3.29	名古屋地	交民50・2・359	117
5.12	名古屋地	交民50・3・603	213
5.12	名古屋地	自保2003・153	236
5.19	神 戸 地	交民50・3・624	241
6.16	名古屋地	交民50・3・750	144
8.25	大 阪 地	交民50・4・1075	172,220
9. 8	名古屋地	交民50・5・1148	229
10. 3	東 京 地	交民50・5・1220	66,192
10.24	東 京 地	自保2013・161	192
11.28	東 京 地	自保2014・149	91

【平成30年】

月日	裁判所名	出典等	ページ
1.11	神 戸 地	交民51・1・9	87,88 201
1.17	さいたま地	自保2018・38	117

Ｑ＆Ａと事例
物損交通事故 解決の実務

平成31年4月24日　初版発行

編　著　志　賀　　　晃
　　　　稲　村　晃　伸
発行者　新日本法規出版株式会社
　　　　代表者　服　部　昭　三

発 行 所　新 日 本 法 規 出 版 株 式 会 社
本　　社　（460-8455）　名古屋市中区栄 1 － 23 － 20
総轄本部　　　　　　　　電話　代表　052(211)1525
東京本社　（162-8407）　東京都新宿区市谷砂土原町2－6
　　　　　　　　　　　　電話　代表　03(3269)2220
支　　社　札幌・仙台・東京・関東・名古屋・大阪・広島
　　　　　　高松・福岡
ホームページ　https://www.sn-hoki.co.jp/

※本書の無断転載・複製は、著作権法上の例外を除き禁じられています。☆
※落丁・乱丁本はお取替えします。　　　ISBN978-4-7882-8574-3
5100060　物損交通事故　　　　Ⓒ志賀晃 他 2019 Printed in Japan